ことばは、人の心を動かす手段でもあり、また、記憶は生きる源でもある。この記憶内容は、イメージが主体をなし、イメージは心の中核でもある。このイメージを読者に正しく伝えるために本書では、心理学や精神医学や哲学の用語や著名人による人生の解説、また、私の好きなイギリスやアメリカの詩や中国四千年の智恵にもとづく漢詩や禅語を加えた。

本書は、タイトルの通り、私の出生から今日までの主な経験の「メモランダム」（覚え書き）であり、私の命（心のエネルギー）や生き方が時とともに春、夏、秋、冬と四季のように変化していったありさまを三十三個のエピソードにして述べられている。

人の心のあり方や生の人間関係の様相に関心のある方々にとって、本書が、今後の人生に少しでもお役に立てたら幸いである。

目次

I　春季編――親への恨みと感謝の発生――

我に語るなかれ、悲しげな詩にして、
人生は、ただ一つの空しい夢となりと。
なぜなら眠っている魂は死んでいる
そして物事は思われている通りではないからだ。

Tell me not, in mournful numbers,
“Life is but an empty dream!”
For the soul is dead that slumbers,
and things are not what they seem.

――H・W・ロングフェロー
十九世紀のアメリカの詩人

私が出生した北九州市八幡区には 1901 年（明治 34 年）に創業した溶鉱炉がある。

❶ それは哀しさから始まった

言語学者によると本来、日本語には欧米でよく表現される「愛」という語はなく、代わりに、「いとおしい」という意味の「哀しい」という語があったという。「哀」は悲しみの意味をふくんでおり、このことから、日本人は古代から感情表現において哀しみについてデリケートであることがわかる。

私は、戦後数年が過ぎた頃、製鉄所で有名な北九州市の八幡区で出生した。その環境は、錯雑としており、「鉄の都」[1]といっても九州各県からの住民の寄せ集めであり、当時は、子どもの数も多く、競争といがみ合いに満ちていた。私の父は、八幡製鉄所の職員であったが、戦時中は、オーストラリア近くまで侵略していった連戦連勝の職業軍人であった。また、母は、再婚であり、私の父に再婚後の人生を賭けた専業主婦であった。私は、この二人の長男として出生した。その五

1　鉄の都：八幡東区に新日本製鉄所があり、鉄の都といわれた。皿倉山と製鉄所の煙突は象徴でもある。八幡、小倉、門司、若松、戸畑が合併して北九州市となった。

年後に弟が出生している。

私の両親の共通点は、自分の親に対する恨みと、哀しみと苦しみに満ちた悲観主義であった。私の父は、幼児期より父親を亡くし、母親に見捨てられて利己的な叔父によって育てられた生い立ちであり、また、私の母も幼児期より父親を亡くし、厳しい母親のみによって育てられた生い立ちであった。私は、この両親のもとで乳幼児期より彼らの哀しみと苦しみの人生観を聞かされてきた。

このようなことから、私の人生の始まりは、親の哀しみを受け入れることから始まった。出生とは、自分の全てを受け入れてくれる人を探すことの始まりというが、私の人生は、長男として、逆に両親のもつ人生の哀しみや恨みを受け入れることから始まった。幼児期より私は、暇さえあれば、父からは軍隊時代の手柄と母親から見捨てられたことや自分の叔父の自己中心性に対する恨みを聞かされ、また、母からは、学歴上の劣等感や母親のみによって育てられた苦労話を聞かされ、この世には神も仏も存在しないことを教示されてきた。

精神分析療法[2]の創始者フロイド[3]は、幼児期決定論を唱え、幼児期の親子関係のあり方が個人の心（自我）の強さ[4]を決定するといっている。また、発達心理学者の多くは、乳幼児期の親子関係や養育態度のあり方が、個人の性格形成に大きな影響を与えることを説いている。しかし、発達心理学者のワインフィールド[5]らは、発達は流動的であって、むしろ乳幼児期以後に出会う対人経験や情緒的経験、あるいは環境の変化が個人の発達に影響を与えることを強調している。哲学者のアラン[6]も人生のスタートがいかに悪くてもその後の生き方次第で幸せ[7]になれるともいっている。

人生において乳幼児期の親子関係のあり方が、個人の心の発達に大きく影響しているのか、それともその後の個人自身の生き方が、心の発達を方向づけるのかについての結論を出すことは難しいと思われる。私の心理臨床家[8]としての臨床経験にもとづけば、幼児期より親からひどい虐待

2　精神分析療法：心の治療法（心理療法）の中で無意識内容を意識化していくフロイドが創案した療法のことをいう。この療法の専門家になるためには長期の指導を受け、難解な理論を学ぶ必要がある。

3　フロイド：二十世紀のオーストリアの精神科医。転換ヒステリーの患者への心の治療から精神分析療法を創案した。その弟子には、ユングやアドラーらがいる。

4　自我の強さ：精神的な強さのことをいう精神分析用語。がまん強さ、心の安定性、現実感、アイデンティティ、昇華能力、心の柔軟性がその基準となる。

5　ワインフィールド：バージニア大学の発達心理学専攻の准教授。幼児期から成人までの愛着（親子関係）の発達を研究している。

6　アラン：フランスの哲学者。本名は、エミール・オギュスト・シャルティエ。第一次世界大戦前後に九十三の詩集を発表した。「幸福論」は著名である。

7　幸せ：あるよいものを手にいれたり、感じることによって生じる長い心理的良好な状態のことをいう。主観的な感情であり、心理学では主観的幸福感という。哲学者のアリストテレスは、「幸せ」をつかむことを人生の目的といっている。

8　心理臨床家：心の問題をもつ者や心の病の者に対して心の治療やケアをしていくことを職業としている者のことをいう。

に合っていてもその後、立ち直って健康な人生を送っていったケースや、幼児期に親から愛されなかった不満のみを三年間の治療過程で訴え続けたケースや幼児期に親から見捨てられたことによって反社会的組織に入ったケースもあって、ヒトの心の発達の影響度に関して乳幼児期の親のあり方か、それともその後の個人の生き方や考え方の変化かの論議は五分五分といえそうである。

成人になった私は、その後、懐かしい故郷[9]の「枝光」を訪れたが、かつて通った小学校も中学校も少子化によってなくなっていた。出港した港に戻ったものの、港そのものがなくなったことによる喪失感は強く、私の心には、故郷の暗いイメージは今でも残っている。

病瘦、死喪、憂患を除けばその中、
口を開きて笑う者は、一月の中、四五日を過ぎるのみ

——荘子の「盗路」編

解説：ヒトは、病気や他者の死に喪に服したり、悩みごとをもったりする時間を除くと笑える楽しい時間は一か月のうちでわずか四、五日しかない。

---

9 懐かしい故郷：アメリカの哲学者のサンデルは、故郷の文化を懐かしく思うことを「共通善」といって、共同体形成において重視している。

❷ 元型の現れ

幼児期は、心の「元型」[1]が形成されやすい。「元型」とは、スイスの精神科医ユング[2]が唱えた乳幼児期に形成されるヒトの心的生活においてイメージ化しにくい無意識的な個人の特性のことをいう。幼児期における経験を自発的に思い出すことを哲学者のベルグソン[3]は、「純粋想起」といい、この想起は本質的な自己への立ち帰りであるといっている。また、精神科医のジャネ[4]は、このよ

1　元型：ユングが唱えたヒトの行動様式のもとになる無意識の原始心像をいう。たとえば彼がいう「影」、「アニマ」（女性性）、「アニムス」（男性性）、「自己」（セルフ）、「マンダラ」などがふくまれる。

2　ユング：スイスの精神科医。フロイドの弟子であったが、後にフロイドと決別している。ユングの深層心理学をユング心理学という。河合隼雄氏は、わが国でのユング心理学の第一人者。この流派は、分析心理学的心理療法学派といい、わが国の臨床心理士に多い。

3　ベルグソン：フランスの実存主義の哲学者。記憶を「純粋記憶」と習慣の二種類でとらえた。「物質と記憶」は主著。

4　ジャネ：フランスの精神科医。主著に「苦悩からの忘我」がある。ヒステリー論、精神衰弱論、精神機能の階層的秩序論で知られる。

うな想起的記憶は「物語」として残っているという。今日の心理臨床現場では、「ナラティブアプローチ」[5]、つまり、問題をもつ「クライエント」[6]（来談者）は、問題を「物語」の筋書きの中に位置しているととらえ、治療者がクライエントの好む「物語」の筋書きの共著者の役割をとって、クライエントの人生への前向きの成果をめざす療法が活用されている。この社会構成主義[7]の「ナラティブアプローチ」は、人生を「物語」の形成ととらえている。

私の幼児期は、家庭においては心地よい感じではなく、むしろ家庭外で多くの女児とさまざまな「……ごっこ」遊びをしていた。このことが、今、ふり返れば、「元型」の形成のもとになっているように思われる。つまり、男児と争うことを好まず、自分を女児グループの中のリーダー的存在として位置づけようとする特性は、近所の女児たちと遊ぶ中で形成されていった。この「元型」は、以後、私の青年期や中年期の生き方にも現れてくる。

また、この「……ごっこ」という遊びは、大人社会でいえば「物語」をもった演劇[8]ともとらえられる。哲学者の中村雄二郎[9]は、演劇とは、等身大の日常的な人間ではなく想像可能な人間を表現することによって人間の隠れた本質をとらえることであるという。幼児期の私は、さまざまな「……ごっこ」という演劇を行って、当時からヒトの心に強い関心を示し私の「元型」を表現していたと思われる。

花は以て蝶無かるべからず、山は以て泉無かるべからず、
石は以て苔無かるべからず、水は以て藻無かるべからず、
喬木は以て藤羅無かるべからず、人は以て癖無かるべからず

――張潮の「幽夢影」

解説：花は蝶がなくてはならず、山は泉がなくてはならず、石には、苔がなくてはならず、水には浮き草がなくてはならず、喬木には、フジカズラがなくてはならないように、ヒトには「個性」がなくてはならない。

5　ナラティブアプローチ：社会構成主義にもとづいて心理療法を「ストーリーだて」、「外在化する会話」、「対話アプローチ」、「質問技法」からとらえていく方法。

6　クライエント：心理臨床の分野では「来談者」と訳し、悩んで相談に来る者を意味する。医療機関での「患者」に相当する。一方、治療者という語に関しては、治療者、セラピスト、面接者という語を用いているが、『心理臨床学研究』では面接者という語を用いることを勧めている。

7　社会構成主義：自己は流動的、断片的であり、社会的な交流や談話の過程であるととらえる考え。また、無意識世界は恣意的で無秩序でとらえようのないものとしてみる。歴史的には、一九六〇年代からのレヴィ＝ストロースによる「構造主義」から一九七〇年代のデリダに始まる「脱構築」の考えがもとになっている。

8　演劇：俳優が舞台で脚本にもとづいて動く芸術。ヒトの情熱や欲望を表現し、エートス、つまり習慣的なものと、パトス、つまり受難で即興的なもので表現される。

9　中村雄二郎：哲学者。「パスカルとその時代」「パトスの知」などの著書がある。

❸ 教育の力

幼児期を経て小学校へ入学した私は、競争やいがみ合いの多い地域の特徴から同級生からひどいいじめに遭った。私は、そのいじめられ経験の中で両親が教示してきた性悪説[1]を身をもって感じていった。

この流れから、小学校三年生の時に私の人生において第一回目の大きな転機が生じた。小学校三・四年生の時の担任教師による生徒への影響度が大きいことは教育心理学[2]でも知られている。私にとって小学校三年生時に三十代の男性担任N先生と出会ったことは、私の個性をクラスの中で発揮できるきっかけとなった。それまでの私は、いじめに遭い、成績は中位、体育は苦手という劣等感[3]を強くもっていたが、N先生はクラスの生徒ひとりひとりの個性や能力を発見し、それを発揮させてくれた。先生は、私を「お前は、勉強すればできる」、「人の話をよく聞ける」と励まし、希望をもたせてくれた。授業の方法も当時としては珍しい生徒との「対話方式[4]」をとり、音楽の時間は、テレビ番組のテーマや歌謡曲を生徒といっしょにオルガン伴奏をして歌ったり、体育の時間も生徒と本気で競争したりする破天荒なものであった。

ところが、小学校四年生の二学期に、先生は、突然、他校へ転勤となった。クラスの全員が先生との別れを聞いて号泣したことが思い出される。私にとっても人生における最初の大きな別れであった。後でわかったことであるが、先生はある女性教師と不倫関係にあり、そのことが知れて教育委員会から転勤を命じられたということであった。このことは、ユング心理学派のいうどんな立派な人でも「影」[5]のある人格があるという見解を幼いながらも感じた経験であった。

私にとって、N先生との出会いとN先生の私への励ましがなければ今日の私はなく、劣等感の

1　性悪説：孟子は、誰でもヒトにはいたわり、愛他的であるという性善説を唱えたが、荀子は、ヒトは生まれながらにして利を好んだり、欲望に流れたりするという性悪説を唱えた。臨床心理学上では、来談者中心療法（カウンセリング）のロジャースは、性善説にもとづき、精神分析療法のフロイドは、性悪説にもとづいていると思われる。

2　教育心理学：教育に関する諸問題を心理学的に研究して科学的、効率的な教育を行うための理論と技術を提供する学問。

3　劣等感：自分が他者より劣ってるという感情。アドラーは、劣等感を何らかのもので補償することを強調した。また、エリクソンは、小学生時代に「とりえ」を発見し、それに対して勤勉に励むことを重視し、この「とりえ」が見つからない場合には、劣等感が生じるといっている。

4　対話方式：古代ソクラテスの時代から対話方式はあったが、二十一世紀の学校教育は、アクティブラーニング、つまり教師による一方的な生徒への伝達ではなく生徒の主体性を重視する方法へと変化していった。グループでの「協同学習」や教師と生徒との対話による学習があげられる。

塊をもった大人になっていたであろうと、N先生の「教育の力」に感謝をしている。

「掬水月在手」
水をきくすれば月手あり

——于良史の「春山夜月」

解説：道は全てのヒトに開かれている。月の輝く夜、水を両手ですくいとってみれば、その水面に必ず月は姿を映し、キラキラ輝いている。月の光は、全ての者に平等である。

教育の根は苦いがその果実は甘い

——アリストテレス

解説：アリストテレスの教育観は、よい人格（徳ある人）になるためによい生活習慣を身につけ、習慣が身についたら「理性」を育成するという教育であった。

5　影：シャドウともいう。ユング心理学での元型の一つ。パーソナリティの中で気づかれていない部分をいう。時に他者に投影されたり、夢の中で同性として現れやすい。「虫が好かない」相手は、その個人がもつ影の内容であることが多い。

④ 思春期満開——親への感謝——

精神科医のクレッチマー[1]は、第二次性徴によって身体と心の発達の不均衡が生じ、思春期において心が不安定になることを「思春期の危機[2]」といった。私は、小学校五・六年生時に成績が上がっていき、自信がついていったもののこの「思春期の危機」に直面した。

中学へ入学した私は、顔にニキビができて早熟であり、身長はクラスで三番目と高くなった。と同時に性の芽ばえと理由のない攻撃性の高まりを覚えた。中学二年生時には、恋い焦がれる女子を見つけ、彼女を遠くから眺めていた。母が小柄で外見もよくなかったせいか、私は、背の高い美人に恋をした。彼女への執着心は強くあり、大学へ入学するまでこの恋心は続いていく。私の性欲の高まりは、恥や罪悪感と自閉とを生じさせ、性欲の高まりを償う意味から勉強に励んだ。

1　クレッチマー：ドイツの精神科医。思春期の「敏感関係妄想」の研究や「性格と体格」の研究で著名である。

2　思春期の危機：クレッチマーが思春期において身体の発育が著しく、心の発達が遅いために不安定になり、親への反抗や家出が生じると唱えた。エリクソンによる青年期後期のアイデンティティの危機とは異なる。

フロイドは、生の本能「エロス」から生じるエネルギーを「リビドー」といったが、この「リビドー」は、性欲をともなうと過大なエネルギーとなることを私の後の人生やケースを通して実感している。

通学途中には、以前、東京都知事であった舛添要一氏の実家があった。舛添氏は、私の中学と高校の先輩でもある。中学の教師たちは、舛添氏のような成績優秀で体育万能である生徒を常にモデルとして取りあげていた。私は、思春期の女色の戒めとして勉強をしていたが勉強に励んだのは父の仕事への熱心さの同一化[3]もあった。

イギリスの小説家ボイド[4]は、「十四歳の子どもに自分の仕事が説明できない者は、皆、山師だ」といっているが、私の父は、度々、自分の生いたちの悲劇と同時に自分の仕事内容やその情熱を私に語ってくれた。中学生になった私は、父の話し方や自己顕示性の強さに抵抗を感じていた。その感情は、フロイドのいう「エディプスコンプレックス」[5]から生じていたのであろう。この「エディプスコンプレックス」は、後に九州大学助手時代の研究室間の闘争や指導教官からの離脱につながっていく。

私の父は、苦労した人生であったせいか忍耐強く、努力家であった。また、母も根気強く、努力家であった。このことは、以後、私の心に忍耐強さや根気強さを身につけさせ、今、ふり返ってこの点は両親へ感謝している。

今日の発達心理学では、ピアジェ[6]がいうように十二歳頃より児童期とは異なる独自な心の発達が生じるという考え方とケアリー[7]がいうように子どもと大人の心の発達は連続的であり、そのあり方は異なってはいないという考え方の二点があるが、こうして自分の思春期をふり返ってみるとピアジェの見解が支持できる。

母親へのほれこみと父親への嫉妬を僕の場合にも見つけました

——フロイド

解説：一八九七年一〇月一五日にフロイドが友人フリースに出した手紙の中の文章。エディプスコンプレックスの発見をした文章である。

3　同一化：同一視ともいう。自分と他者のもつ諸属性が同じになることをいう。同一視は、のみこみや取り入れよりも内在化する対象と自己の分化が明らかな場合に用いる語。

4　ボイド：イギリスの小説家。「アイスクリーム戦争」、「新告白録」は、著名な小説である。

5　エディプスコンプレックス：フロイドが名づけた。三歳から五歳時に生じる。男児が、父親に対して敵意と憧れという無意識世界からくるこだわりをいう。このこだわりは、小学校時には一端、潜伏し、思春期になって再び現れてくる。ギリシャ神話のエディプス王の物語に由来している。

6　ピアジェ：スイスの発達心理学者。乳児から青年期にかけての知能の発達に関する研究で著名である。

7　ケアリー：ハーバード大学の心理学専攻の教授。「概念体系」の発達を研究している。

❺ 理想を追う

中学校を卒業し、理想の高校へ入学したものの、自分よりも成績が上位の者が多いことに気づいていく。高校で私は、世の中には、上には上があるということを知っていく。

当時のわが国は、経済は繁栄し、物が豊かになり、それに乗じて受験競争は高まっていった。「四当五落」[1]という語が流行し、私も受験勉強に励んだ。その頃の私は、世の中には成績を上げて有名大学へ入学できるという以外の価値観はないという狭い視野の中で過ごしていた。高校生の中には、クラブ活動、異性・交友関係、趣味などにいそしむことに価値観をもつ者もいたが、当時の高校生の価値観は、有名大学へ入学したいという者が多かった。この学歴至上主義[2]の価値観は、私の人生において青年期の後半まで大きな影響を及ぼしていく。

しかし、その後、約半世紀が過ぎた今日の社会では「アイデンティティ」[3]の形成や学歴至上主義にもとづく「キャリア」[4]観は変化し、社会変動に順応する能力中心のプロテウス[5]的な「キャリア」観となっていった。

思春期の性欲は、理想形成へと「昇華」[6]しやすい。中学生時に恋い焦がれていた女性は、私が勇気を出して差し出した初めてのラブレターに対して、私には何の関心もないというすげない返事を示した。そのことに私は、強い失意を感じた。失恋である。その女性にはふたりの兄がいて、ひとりは、後に高校教師となり、もうひとりは、九州大学を卒業して大企業の会社員になっていく。また、彼女が憧れていた男性は、私の中学と高校の同級生であり、後に現役で九州大学へ入学していく。失恋による彼への嫉妬心のもととなる無意識の「エディプスコンプレックス」に左

1　四当五落：四時間で睡眠をすませて勉強に励むと大学に合格し、五時間の睡眠をとると勉強が遅れて不合格となるという受験勉強の厳しさを示した語。この頃、高石ともやの「受験生ブルース」が流行した。

2　学歴至上主義：学歴があることやどこの高校や大学出身かに価値をおいた生き方をいう。

3　アイデンティティ：日本語にはない語。自我同一性、主体性などの訳がある。一九五〇年から一九九〇年代までアメリカやわが国において青年の自我確立について用いた語。一九八五年から一九九〇年にかけてソ連の「ペレストロイカ」（改革）は進み、米ソ冷戦はおさまった。この頃より社会は流動的となり、左か右かという固定思想はうすれ、一定の安定した社会で形成されるアイデンティティという語は重要性を失った。むしろ、社会変動に順応する青年が目立ってきた。

4　キャリア：生涯にわたる一連の職業上の活動や行動のことをいう。キャリアの意味は、人生における価値観や生き方もふくんでいる。従来の成績を基準とした進路指導とは異なる。

5　プロテウス：ギリシャ神話の海の神。社会変動にともなって変幻自在に順応していく人間をプロテウス的人間という。

6　昇華：フロイドは、無意識世界には性欲や攻撃性が潜伏しており、これらの欲求を社会で受け入れられる表現方法、つまり本能欲求を芸術やスポーツなど高い次元に置き換えることを昇華といった。

右されて私の心は、九州大学へ入学したいという理想へと展開していく。

このような動機づけで私は、高校卒業後、九州大学法学部を受験したものの不合格となり、その後、孤独な浪人生活を経て九州大学教育学部へ入学する。

失恋という理想と現実とのへだたりから生じる不安と抑うつをもった高校生活をふり返ると、大学合格という一つの目標をもって努力できたと思われる。青春とは、過ぎてその時の意味を知るものであろう。

熱意があれば何でもできる。熱意はあなたの希望を輝く星に昇華させる酵母のようなものである。

——ヘンリー・フォード

解説：アメリカの自動車会社創設者のフォードは、大量生産技術を開発し、青年に熱意をもって働くことがもたらす希望を訴え、社会に繁栄をもたらした。

百尺竿頭に一歩を進む

——石霜と長沙との禅問答

解説：そこに満足せず、さらに歩みを進めよう。

---

❻ 出会い——学問と先生——

　大学へ入学できた私は、小学校時のN先生との出会いに次いで人生二度目の大きな出会いを経験する。それは、精神分析療法家の前田重治先生[1]との出会いであった。遊びや交友関係も少なく、塾や家庭教師のアルバイトに時間を費やしていた私にとって、大学の授業への期待度は高かった。しかし、当時、文部科学省の大学教育への審査も甘く、現在のような授業用シラバスもなく、授業で「今日は何をしましょうか」と学生に突然、聞いてくる教官の多い中で前田先生の授業は私の心をひきつけた。それは、授業内容を十分、理解できたうえでの魅力ではなく、むしろ直感的なものであった。

　その後、大学の授業に次第に興ざめしていったものの、学生にとって授業が「わかる」ことが、

1　前田重治：心理臨床家でもあり、医師でもある。古澤平作氏に精神分析療法の指導を受け、そのフロンティアでもある。

いかに重要であるかがわかってきた。「わかる」とは、一般に①「腑におちる」ともいうように直感的にわかること、②他者のもつものをそのまま取り入れていく同一化や共感すること、③論理的な規律や秩序としてわかること、④既存の知識に置き換えて新しいものを知ることの四つがあげられる。また、「わかる」ことには無数の階段を昇っていくようにその水準があることも読書やその後の臨床経験によってわかっていった。

大学二年生以後は、授業を受けることよりも読書を重視して、主に新書本をかたっぱしから読んでいった。読書の方法としては多読、精読、反復の読書の三通りがあるが、大学時代は小泉信三[2]がいうように多読によって知識を広め、良い本については三木清[3]がいうようにくり返し読み、大学院生や大学教員であれば、ショーペンハウエル[4]がいうように専門書を考えながら読むことがよいということがわかってきた。大学時代の読書経験をふり返れば、どのような本を読んだのかという記憶よりもむしろ本のもつ独特なにおい[5]のほうが体感的な記憶として残っている。

大学三年生時頃の私は、将来は、地味に公務員でもなろうと思い始めていた。しかし、卒業論文を、前田先生から指導を受けることによってその方向は大きく変化していった。卒業論文は、前田先生が当時、非常勤で勤める心療内科クリニックへ通い、そこで私は初めて患者さんとの面接や心理テストを行った。当時としては、このような経験は貴重なものであった。

実家で父へ「将来、臨床心理学の仕事がしてみたい」というと、父は、「心理学は、雲をつかむようなもの」と反対した。フランスの社会学者のコント[6]も「ヒトは生物学的存在と社会的存在のみによって説明できる」といい、また、ベルグソン[7]も「ヒトの心は絶えず変化していることから固定した心というものはない」と心理学の存在そのものを否定している。わが国の小林秀雄[8]も心理学については否定的であり、心理学を「安酒を飲んで後悔するようなもの」、「行動についてのアリバイを工作するようなもの」といっている。また、現在においても血液型と性格とは関連がある、心理学を学ぶと読心術ができる、心理学者は皆、カウンセリングができるという誤った

2　小泉信三：古典派経済学者。「共産主義批判の常識」は主著。

3　三木清：哲学者。パスカルについての研究で著名。マルクス主義や実存主義についても探究している。

4　ショーペンハウエル：十九世紀のドイツの哲学者。博学で芸術論や自殺論は独自性がある。インド哲学にもふれている。

5　独特なにおい：においによって過去の思い出がよみがえることをプルースト効果という。小説家のマルセル・プルーストの小説に由来する。

6　コント：十九世紀のフランスの社会学者。社会は、神学→哲学→科学へと発展し、軍事→法律→産業へと栄えると唱えた。

7　ベルグソン：一九世紀のフランスの哲学者ベルグソンは、「心理学」は、心の実在を身体に還元できていないこと、個々の心の独自性についてふれていないこと、意識の持続生成過程について論じきれていない点を批判した。

8　小林秀雄：わが国の近代批評の創始者。主著は、小林秀雄全集にまとめられている。

心理学のとらえ方が多い。このようないつの時代でもみられる心理学に対する誤ったとらえ方は、一般市民による心理学への願望を表し、それに固執しているのであろうととらえている。

コントやベルクソンの心理学についての否定的な見解があるにもかかわらず、私は、私の無意識にある「エディプスコンプレックス」によって倍率の高い大学院の修士課程を受験し、そして合格し入学していった。

無意識の力とは、恐いもので、今、思えばこの時期が人生の一つの大きな転機[9]だったように思われる。

自分の運命は、自分で開拓することを、人間は、なかなか悟れないものである

——ベルグソン

解説：ベルグソンは、「意識」は「生存」であり、「生存」とは「変化」であり、「変化」とは「経験」であり、「経験」とは「創造」であると考えた。つまり、自己の人生は、無限の創造であるととらえた。

9　人生の転機：転機のことを「危機」ともいい、青年期と中年期においてその危機に直面しやすい。「転機」は、人生のプロセスであり、「危機」は不適応に陥る危険という意味もある。

Ⅱ　夏季編――私の心を開かせた妻との出会い――

享楽にあらず、悲哀にあらず、
我らの定められた目的と道とは、
行動することだ。明日ごとに
今日よりはいっそう進んだ我々を
見出すように

Not enjoyment, and not sorrow,
Is our destined and or way:
But to act, that each tomorrow.
Find us further than today.

――H・W・ロングフェロー

私が学生時代から助手時代まで 16 年間も関わった九州大学の箱崎キャンパスの正門。

❼ 無我夢中——職業人としての基礎づくり——

大学院の修士課程と博士課程の五年間は、私にとっては心理臨床家、あるいは臨床心理学[1]者としての基礎づくりの時期であった。私が修士課程に進学した頃、当時は京都大学、広島大学、九州大学にしかなかった大学に付属する心理教育相談室との関わりが中心となった。そこには、大学内の大学院生と大学外から臨床心理士になりたい[2]という研究生が多くいて、そのほとんどは女性であった。その中で私は、本書の❷で述べた幼児期に形成された「元型」を心理教育相談室のリーダーとして発揮していった。心理教育相談室では、主に不登校、非行、習癖などの問題をも

1　臨床心理学：適応、発達、自己実現、心の安定を支援していく応用心理学の一分野。一九八八年の臨床心理士資格認定制度ができる前までは、科学性がないといわれ、心理学の末端に位置づけられていた。

2　臨床心理士・公認心理師になりたい動機：ヘンリーによるとその動機は、①他者を助けたいから、②自分を知りたいから、③他者と関わりたいからなどがあるという。①については、ポリアンナ主義といって自分が悩んでいた、不幸であったことから他者を救うことによって幸せになりたいという動機がある。本書の㉚を参考にしていただきたい。

つ子どもや青年のケース、及びその母親のケースと多く関わった。

大学院時代は、この相談室のみではなく、他の臨床現場でのアルバイトも多く経験した。とくに心療内科系の病院では、患者さんへ心理療法と心理テストを、また、精神科の病院では、心理テストの実践を行った。また、今日では通常になっているが、「スクールカウンセラー[3]」の先駆けとして、当時は、大学院内の先輩や教官からの批判もあったが、実際に中学や高校へ出向いてカウンセリングを行っていた。世の中の流れというものはおもしろいもので、その当時、私のこの行為に反対していた人たちは、今では、スクールカウンセラーの主導者となっている。これらのアルバイト経験でのケースを火曜日に行われている症例研究会で発表し、自分の臨床的な腕を上げていった。それは、現代の臨床心理士や公認心理師の資格修得のための短期間の実習と比較して大変厳しいものであった。

大学院時代から就職していくまでの十二年間は、実にさまざまな多くのケースと関わった。小林佐知子らによれば、現在では、臨床心理士の一年間の平均ケース数は五ケースといわれているが、当時は、一日につき平均十ケースは関わっていた。イギリスの詩人キーツ[4]が、「何事も本当に身につかない。経験するまでは」といっているように当時の担当したケース[5]が、私の臨床家としての基礎をつくり、自信を得たと思われる。この自信は、経験の積み重ねによってつくられ、この自信は、あたかも自分が明確になったような錯覚を生んだ。

当時をふり返って、私の若い「情熱」によって心に問題をもつクライエントが問題解決していった点についてまとめると、以下の三点の影響がある。①当時の九州大学教育学部では、現在のように実証・実験心理学[6]から臨床心理学へ転換していった教官や教員はなく、各種心理療法の大家が在職していて、動作訓練法[7]、来談者中心療法[8]、精神分析療法の各大家の先生から直に学ぶことができた。当時の九州大学は、心理療法のメッカでもあった。私は、「模倣は独創の母」とい

3　スクールカウンセラー：学校内で生徒の心の問題や発達を支援するカウンセラーのこと。一九九八年（平成十年）より文部科学省の「スクールカウンセラー活用研究委託事業」によって、主に臨床心理士が学校に派遣され、スクールカウンセリングを行っている。

4　キーツ：バイロン、シェリーらと並ぶイギリスのロマン派詩人。「ハイピリオン」、「秋に」、「エンディミオン」の詩編がある。

5　担当したケース：当時の私の考えは、臨床心理士と精神科医とは担当するケース数に大きな違いがあり、精神科医は、一週間に平均で百ケース以上であり、少なくとも一週間に二十ケースを対象に五年間以上の心理療法を行わなければ心理療法家としての職人にはなれないと思っていた。

6　実証・実験心理学：アメリカの心理学者のワトソンは、二十世紀の初期に心は科学的に探究できないととらえ、客観的にとらえる「行動」の科学を提唱した。この考えに基づいて以後の心理学は行動科学が主流となり、ネズミや猫を対象とした実験心理学が始まった。主に悩むヒトを対象とする臨床心理学はその対極となっている。わが国では、一般市民の中に「心理学」といえばカウンセリングや心理療法について学ぶ「臨床心理学」が中心をなしていると思いこむ者が多い。

7　動作訓練法：成瀬悟策氏が創案した脳性マヒ児を対象に動作課題をトレーナーとともに訓練していく方法。動作法ともいう。

うことばを信じて大家の先生から直接、各種心理療法を取り入れていった。②各種心理療法を大まかに分けると、治療者の個性や個人差の如何を問わず、創案者によって生み出された動作訓練法や行動療法のように「技法」中心の療法と、精神分析療法や分析心理学的療法や来談者中心療法のように治療者の個性を職人的に活かす「芸術・文化的」療法とがあることがわかった。また、その心理療法の哲学や思想的背景については、特別な独創性はなく、その療法の創案者以前に宗教や古書においてすでにそのエッセンスが刻まれていることが多いこともわかった。たとえば、精神分析でいう無意識については仏教では「口訣」と呼び、仏典の「妙荘厳王本事品」の物語の中に無意識内容に個人が気づいて心が変化していくありようがすでに書かれている。また、十八世紀のマルクス・アウレーリウス[9]「自省録」の中に自分のものの考え方を変えると心は楽になること。つまり、今日でいう認知行動療法[10]や森田療法[11]の治療要諦がすでに述べられている。③また、心理療法を行う状況と治療者とクライエントとの交流について、治療者にとっては、次の五点が体得できれば心理療法は展開されやすいことがわかった。(1)治療者が発するクライエントへのことばが、クライエントの心をどのように動かしているかが予測できること、(2)また、共感[12]について、つまりクライエントの心がわかるためにはさまざまな観点があり、ⓐクライエントの心や生き方を全体としてわかること、ⓑクライエントの混乱した心を整理してわかること、ⓒクライエントの心を論理的に物語としてわかること、ⓓクライエントの話が三次元のイメージ化して視覚的にわかること、ⓔさらに心の問題の原因についてがわかることなどの多くの観点からクライエントの心がわかる必要があること。⑶心理療法において表現する内容は、一般に、日常生活において表現していない部分の内容であり、その内容に治療上のエッセンスが隠されていることが多い。しかし、クライエントに思う存分ことばや行動で表現[13]させることは、いわゆる化けの皮をは

8　来談者中心療法：非指示的カウンセリングともいう。アメリカのロジャースが傾聴と共感を重要視して創案した療法。戦後、ロジャースが来日し、友田不二男氏が紹介してこの方法を教示したが、その正しい理解者が少なくわが国の依存性の強い文化に即せず、いまだ広くは普及していない。わが国では、「カウンセリング」を「アドバイス」ととらえやすい。

9　マルクス・アウレーリウス：ローマ帝国の第十六代皇帝。後期ストア派に属し、生への執着を断ち切り、主観次第で人生が左右されることを説いた。

10　認知行動療法：ものの考え方である認知を変容させる訓練法。アメリカで一九八〇年代よりさかんになり、わが国ではとくに「うつ病」や「パニック障害」の患者に適用されている。クライエントとのラポール形成ができ、ことばによってクライエントの心に影響を与える真のカウンセリングをマスターしなければ認知行動療法はうまくはできないと思われる。

11　森田療法：森田正馬によって創案された療法。不安、心気、強迫を主とする患者に有効とされ、「とらわれ」から「あるがまま」の態度形成のために臥褥、グループ学習、作業を中心に治療が行われる。

12　共感：共感性ともいい、他者の感情をそのヒトの身になって感じ取り、理解すること。同情は、自他未分化な状態で相手の悲しみなどに浸りきることをいう。心理療法において、共感はクライエント理解の本質である。日本語の「思いやり」と類似する語。共感という語は、外来語であり、わが国では日常では「思いやり」という語を用いやすい（「共感性と日本語の思いやりの意味の相違点とその測定」活水論文集、第六二集、一―一五頁を参照）。

がす[14]ことでもあり、その限度を心得て表現させるべきである。化けの皮をはがすと、ヒトは、人間的なものを薄め、とかく動物的になりやすいからである。(4)心理療法を行っている時間は、非日常的な極めて濃密な時間である。したがって治療者とクライエントとは、心理療法の時間と日常生活の時間を区分して、ふたりの関係の中から互いの主観と客観の交差内容をとらえていく必要がある。(5)最後に心理療法を行う場合、難治なケース[15]や窮地に立ったケースのほうが多く、その場合、治療者はあれこれと技法をこらすよりも無我、無私の状態からクライエントのそばにただ存在し、見守っていく[16]ことのほうが治療において最も重要であることがわかった。

雪裡梅花只一枝

如浄のことば

――道元の「正法眼蔵」より

解説：苦難に耐えてこそ真実をつかむことができる。冬の厳しさに耐えて梅は香しい花を咲かせる。

13　表現：心理療法の基本的技法として、「支持」、「洞察」、「訓練」、「関係」、「表現」があり、クライエントが、ことば、絵画、遊び、箱庭、コラージュ、音楽、ダンスなどによって自己を「表現」することで、浄化や自己の明確化が果たされる。表現療法は、何を表現させ、どの程度表現させるかが重要である。

14　化けの皮をはがす：フロイドは、クライエントの自己防衛の「覆いをとる」治療法と逆に防衛を重視して「覆いを固める」治療法の二つをあげている。前者は、クライエントの退行（赤ちゃんがえり）を促進し、再度、自我を組み替えることをねらい、後者は、クライエントの健康な自我を強化していくことをねらう。

15　難治ケース：統合失調症などの精神病、さまざまなパーソナリティ障害、心身の障害をもつ者、あるいはホスピスとなる対象者などがあげられる。

16　見守っていくこと：「臨床」（クリニカル）の語の由来は、ギリシャ語の「クリニコス」、つまり相手のそばに存在することを意味する語である。心理臨床の真髄は、悩む者、病む者に対してそばに存在し、見守ることである。

8 七年間のブランク

私は、博士課程を終え、その後、助手時代をふくめて就職していくまでには七年間のブランクがある。この七年間のブランクは、その後の人生を充実して生きていくための充電期間であり、また、有意義な時間でもあった。

また、この時期は、私の人生にとって最も「遊んだ[1]時期」でもある。アルバイトの収入から、マージャン、パチンコ、飲食、映画、コンサートなどぜい沢に金をつかった。この放漫な経験から金というものは浮き雲のようで状況によってその価値が動く特性をもっていることがわかった。また、「遊び」によって私の長所でもあり短所でもある「硬さ[2]」が少しとれてきた時期でもある。

この時期、日本心理臨床学会[3]の創設や臨床心理士の資格制度の前兆ともとれる所属する大学での研究室間の勢力争いに運悪く私は巻き込まれ、その犠牲にもなった。昨日まで「臨床心理学は心理学ではない[4]」と軽視していた教官や大学院生は臨床心理士の資格ができるやいなや臨床心理学の専門家として社会へ大きくアピールし始めた。強い大学教官の勢力の行使は、容赦はなく、心理教育相談室は他の研究室グループに占領され、要領の悪い私は締め出されて、ある大学の学生相談室[5]で非常勤として働くことになった。大学の学生相談室という所は、他の臨床現場に比べて、他者からの介入や操作はなく、自分なりに自由に学生の相談が行われる所でもある。また、相談内容も学部によって異なっており、とくに医学部学生の長期留年者に対する相談は根気を必要とし、医学の勉学をともにすることもあった。

同時期にわずかな間だが、恋もしてすぐに失恋をした。恋は、ジェットコースターに乗った気

1　遊び：仕事に対立する語で空想、想像と関連し、遊びによって、①感情の表出、②創造性をうむ、③深層心理を表現する。エリクソンは、遊びは事態のひな形をつくって、過去を再体験できるといっている。今日の臨床心理士・公認心理師は、知のみに走らず、体験を広げ、自ら「遊ぶ」ことも臨床上、必要である。

2　硬さ：頑固で融通がきかない点は「硬さ」の短所であり、首尾一貫して目的に達する「硬さ」は長所である。神経症のクライエントの中でこの「硬さ」の問題をもつ者が多い。

3　日本心理臨床学会：日本臨床心理学会が一九六四年に発足し、九州大学で第十四回大会が開催されたが、臨床心理士資格問題でもめた後、一九八二年に日本心理臨床学会が発足した。この学会が基盤となって日本臨床心理士資格認定協会ができた。

4　臨床心理学は心理学ではない：行動科学をベースにした実証・実験心理学者や動作訓練を専攻する者が、臨床心理学の科学性のなさを指摘して一九八〇年代までこの点を強調していた。

5　学生相談室：大学や短期大学にある学生の適応を支援する相談室。国立大学では保健管理センターの中の機関としてある。私立大学では、現在でも非常勤が多い。

分で興奮し、その賞味期限は三年以内といわれている。失恋は、フェスティンガーの「認知不協和」理論[6]、つまり恋の対象の価値観を下げることによってあきらめがついた。失恋は喪失の連鎖を生みやすい。この失恋の後、自分の先生との決別というさらに強い衝撃が生じる。後にこの別れの経験を通して、イギリスの思想家バトラー[7]の「愛して、それを失うほうが一度も失わなかったよりももっとよい」ということばの意味がわかってくる。自分の父親が弱いと気づいた子どもは、その父親と決別しやすいのであろうか。研究室の勢力争いから自分の先生が争いごとに弱いと感じた私は、先生と距離を置いていった。先生から遠のいていった理由は、研究室間の争いによることばかりではなく、アルバイト先で出会った臨床研究における「科学性」を強く説くある医師との出会いから精神分析療法の「科学性」の乏しさを感じたことや、私の先生が私の就職に関して全く関心がなかったことの失意もあったからである。

　私の先生へのこれまでのほれこみは、恨みに変わり、決別へと展開していった。イギリスの小説家のウォー[8]は、「激しく恨んでいる場合、憎しみの対象はその人自身の中にある」といっている。その憎しみは、今、ふり返れば、自分の研究室の弱さに対する悔しさや当時の私の社会性[9]の欠如による自信のなさから生じているともとらえる。憎悪とは、観念であって感情ではない。このことから、今でも私の心には、心理教育相談室の独特な嫌なにおいが残っている。

　心理教育相談室を占領した研究室グループは、将来の出世をめざした人たちであり、私は、「太ったブタよりもやせたソクラテス」[10,11]を選んだ。

七年間のブランクの過程で多くの大学の教員人事に応募したが、すべて不採用であった。あとでわかったことであるが、臨床心理学の大学教官や大学教員は採用する者は募集以前に決まっており、後で公募していくということであった。私は、このような公平さ[12]のない人事のあり方に今でも疑問をもっている。その後、私が就職した大学において、三十年間もほとんど研究業績がな

6　認知不協和論：フェスティンガーが唱えた。自分にとって嫌な事実に対して理屈づけしたり都合のよいようにごまかしてその事実をとらえること。失恋後、相手についての価値切り下げを行って自らの心の安定をはかる例がある。

7　バトラー：イギリスの作家・思想家。反ユートピア小説の「エレホン」や自伝の「万人の道」が主著にある。

8　ウォー：イギリスの小説家。「大転落」「ブライヅヘットふたたび」などの風刺が多い。

9　社会性：個人が所属するグループのメンバーになっていくことの過程を社会化といい、社会化の結果として身につくものを社会性という。一般に非常識な者、自己抑制が欠ける者、協調性のない者を社会性がないという。

10　太ったブタとやせたソクラテス：J・S・ミルの論文を第十八代東京大学総長の大河内一男が意訳したことば。筆者は、権威にすがり、自らの努力をしないで有名大学の教官や教員になる者を「太ったブタ」ととらえ、「やせたソクラテス」とは、権威にこだわらず、金や名誉のためではなく一貫して自分の目標達成に努力する者を風刺してこの語を用いた。

11　ソクラテス：紀元前四世紀の西洋哲学者。弟子にプラトンがいる。「無知の知」、「アレテー」(徳)、「ソクラテス的問答法」、「風刺」については独自性がある。

12　公平さ：アメリカの哲学者サンデルやロールズは、民主主義社会の「公平さ」を強調している。とくにロールズは、「公平さ」のためには「公正」な手続きが必要であるといっている。

くても退職後、国立大学の教官になった例をみると現在でも飲酒と物を媒介にしたコネ人事は続いているようである。若い大学院生にとって本当のことを知ってこのようなことがわかれば臨床や研究の「やる気」をなくすのではなかろうか。

七年間のうちの後半は、九州大学の助手もしたが、その中で私は、国立大学の教官の接し方の要領、たとえば、教官が上機嫌な時は黙っておく、機嫌が悪い時は少し話したほうがよいことなどを学び、社会常識やマナー、礼儀、仕事の早さや忍耐力の大切さを学んでいった。

この経験が、のちに就職した大学において社会的役職に就いて活かされていく。

しかし、マナーの大切さといっても九州大学の場合、私の在籍期間十六年間において、同じ心理学の教官でも心理療法流派の違いだけで私が朝、昼、夜とその教官や院生に挨拶を行っても一度も挨拶をしなかったマナーのない者も多かった。それだけマナーよりも名声と出世のほうに命をかけている者がいた。

期限のある助手を終えた私は、その後、結婚したこともあってか就職をしていないことの不安や将来の不安が生じた[13]。この不安な時間は長く感じ、やせたソクラテスを選んだとはいえ社会で普通に生きていくことは簡単なことではないことも学んでいった。

名利共に休す

——道元の「正法眼蔵」

解説：ヒトは、欲の塊で食欲、性欲、名誉欲、財欲などの欲が煩悩を生じさせる。名誉や利益を外に求めない無事の境地を得ることこそ禅の修行である。茶道の千宗易は、この語から自らを千利休と称した。

13　普通に生きていくこと：普通とは何かを明らかにすることは難しい問題である。「万学の祖」アリストテレスは、人生は何事も「中庸」がよいといっている。

❾ 妻―愛―家庭あり――人との心の関わりの大切さを知る――

私と妻とは、見合いという古い形での出会いであった。しかし、その出会いには私のもつ所属のない不安と妻のもつ十九回目の見合いという切実な期待とが相まって緊迫したものがあった。フロイドは、対人関係や治療関係は、幼児期の親子関係のあり方が「転移」[1]として生じるといったが、妻との出会いから私は、むしろ、ユングのいう「布置」[2]、つまり対人関係とは、必然的で運命的な出会いであり、自己の内的世界と外的事実との運命の組み合わせという考え方を信じるようになった。後に娘の結婚に関しても娘とその相手との出会いは赤い線に結ばれた運命的な「布置」を感じた。

妻は、私と全く逆の特性をもつ家族から出生していた。妻は、私の母とは異なる母性のある母親と上品な父親との間で育ち、上にふたりの兄とひとりの姉がいて、その兄弟関係は映画に出てくるように仲がよく、助け合い、またその生い立ちも愛と幸せに満ちていた。妻の性格は、孔子[3]の「論語」[4]でいう相手を思いやる心である「仁」[5]があり、実に純粋であった。私のもつそれまでの九州大学をベースとした学歴至上主義の価値観は、妻によって私の心を開かせ、のちに新しい価値観を生んでいく。慈愛[6]は、家庭から始まるといわれているが、私と妻がつくっていく家庭は、後に人生において慈愛が如何に大切なものなのかを学んでいくことになる。

反精神医学[7]を唱えたイギリスの精神科医のレイン[8]は、家庭においては禁止、投影、取り入れという関係が生じ、家族関係は複雑であることを強調している。一九八〇年代において、わが国で

1　転移：クライエントが、治療者へ向ける感情や態度はクライエントの幼児期の親子関係が無意識的に置き換えられたものとしてフロイドはとらえた。この転移にも友好・親密な陽性と攻撃・敵対の陰性とがある。日常的には、恋愛関係や恋愛対象についてが、幼児期の親子関係との関連をもつ。

2　布置：ヒトがある時とある場所に存在していることには、共時的に多くの存在とともに織りなす全体性がある。各個人の元型は、運命的な配置があるとユングはとらえ、これを元型的布置、コンステレーションといった。日常的には、他者との相性の問題が関連をもつ。

3　孔子：中国の春秋時代における儒家（儒教）の祖。晩年に私塾を開いて多くの弟子たちの教育をした。

4　論語：孔子の言論を中心に弟子たちの問答を集めた書籍。人生とは、学問とは、政治とは、など多くの問題を論じている。

5　仁：孔子が唱えた心や人生の正しい道を「徳」といい、この「徳」の中でも「仁」が最も重要であるという。「仁」とは、ヒトを愛し慈しむ、いたわる心のことをいう。一方、フランスのデカルトは、「徳」を正義、知恵、勇気、節制ととらえ、孔子とは異なるとらえ方をしている。

6　慈愛：キリスト教では、「隣人愛」や「神の愛」（アガペ）を強調するが、仏教や儒教では、母親が子をいつくしむ愛にもとづく慈愛を重視する。

は共稼ぎ夫婦が増え、同時にわが国の心理臨床界では「家族療法」[9]がにわかに注目されたが、現在においては臨床家が家族関係を取り扱うことは容易ではないことがわかり、以前ほどは脚光を浴びなくなった。わが国の殺人事件は、現在では約半数が家族内で生じている。DV、児童虐待、離婚が増加し、現在のわが国の家族の多くは行きづまっている。[10]社会学者のリトワクは、家族に「愛」と「母性」がなくなれば行きづまることを早くから警告している。今日、よき家庭をつくっていくことは容易ではなく、そのためには家族に明確な意志をもったある種の訓練や努力が必要であり、夫婦の間にも礼儀は欠かせないものであると思われる。

結婚以前に家族の理想モデルがなかった私にとって、妻が心に抱いていた理想の家族モデルはひとり娘にも私にも家庭で生きていく喜びを育てるようになった。結婚した私にとって、家庭に戻れば妻や娘が頼ってくれるという喜びは生きがいを生じさせた。

和敬清寂

——村田珠光の「茶祖伝」

解説：互いを認め合うことがことの始まりという意味。「和」の心で互いを認め合えば「敬」が生まれ、「清」を得て「寂」に至る。

7　反精神医学：一九六〇年代に欧米において精神病について根本的に見直そうとした運動をいう。診断中心、収容中心の精神医学のあり方を批判した。診断は、治療へとつながらなければ、レッテルはりにすぎないととらえる。

8　レイン：イギリスの精神科医。反精神医学の旗手である。キングレイホールで統合失調症の人たち十数名とともに生活をしている。

9　家族療法：家族そのものを治療対象とする療法。この療法にも多くの流派がある。一九八〇年代にわが国ではこの治療が注目されたが、多くの点に行きづまりがあり、現在では、社会構成主義へと転向していった臨床家が多い。わが国の家族療法の行きづまりは、わが国の歴史ある家族を変化させていくことの難しさや当時の心理臨床家の心理療法の基礎力が欠如していたことによると考えられる。

10　わが国の家族の行きづまり：社会学者によると個人主義の増大から現在の家族の行きづまりを説明することが多い。心理学では、親子関係、家族関係は重視されている。筆者は、現在の家族崩壊現象は、人々の「自己愛」の高まりによるととらえている。

⑩ なんとか就職

大学院の博士課程を修了し、七年間を経た後、私は、なんとか就職できた。私が就職にたどり着くまで時間がかかった理由として、既述したように臨床心理学教員の特殊な採用方法、つまり業績ではなくコネ中心人事、そして、当時、アイデンティティの確立を強調する時代による職業人としての心理臨床家養成に時間がかかったことがあげられる。しかし、現在では、誰もが容易に臨床心理士や公認心理師の資格がとれ、心理療法よりも他職の者と「連携」していく心理面接を行い、仕事内容もあらゆることを何でも行うという時代に変わってきている。

大学の教員の就職というものは、職業安定所へ通って決まるものでもなく、とくに既述したように臨床心理学関係の教員人事は運とコネによって決まることが多い。私は、先輩が交通事故にあって亡くなるという悲劇によってポストが空き就職が決まった。私の先生は、私が就職したことよりも弟子のひとりが亡くなったことのほうが衝撃的だったようであった。

たどりついた大学は、長崎県にあり、福岡県とは文化が異なっており、数年間は私の心に住み慣れた福岡を去っていったことによる抑うつ感と空虚感が漂った。就職した大学は、創設百四十年以上の伝統のある大学であり、プロテスタント系のキリスト教主義を建学の精神とした中学・高校・大学一貫の女子学院である。大学のある環境は、景観有美であり、広くて気品のある洋風の庭や教会風の華麗な校舎は見ごたえがある。私の通勤路には、観光地の中華街やオランダ坂がある。とくにオランダ坂は、その後、勤務で一万回ぐらい上り下りすることになる。私は、その地の短期大学で教養と教職の心理学関係の科目と学生相談を担当していった。

教員や事務員は、当時は、クリスチャンが多く、県立高校と国立大学を中心に学んできた私にとっては、当初、違和感はあった。学生は、私の関わった九州大学の教官や院生とは異なり、競争心や野心に乏しくよい意味でのプライドをもち、純粋な心をもつ者が多かった。その中で、今までの私とは関わりの少なかった女子学生とキリスト教という宗教が、その後の人生にインパクトを与えていく。具体的には、これまでの学歴至上主義を脱して他者を「思いやる」心の大切さに気づいていく。両親からこの世に神も仏もないといわれ、それまで無神論者[1]に近かった私は、チャペルから流れるパイプオルガンの音が倍音となって心に響き、毎週行われている礼拝の独特な雰囲気は、

1　無神論：ドイツのニーチェは、「神は死んだ」といったが、私は、アウグスティヌスやトマス・アキナスがいったように「ヒトは、弱く、何も真理がわかっていない」ととらえ、神の存在を信じるようになった。

「よくぞ来られた」という神からのおぼしめしを感じた。パスカル[2]は、「パンセ」の中で「神を信じないことよりも信じたほうがよい」と説いている。大学は、神秘感と未知感をもって建っていた。

厳格な私の叔父は、かつて「職をもって食べられるようになることはヒトから認められたということだ」といっていた。イギリスの思想家のラスキン[3]は、「喜びのない労働は卑しい。悲しみのない労働も卑しい。また、労働をともなわない喜びや悲しみも卑しい」といっている。私は、この後、この大学で働くことの喜びと悲しみを味わいながら、自分の新たな能力と自分の人生の意味[4]について考える機会が与えられる。

故に福の禍となり、禍の福となる。化、極むべからず、深、測るべかざるなり

——「淮南子」

解説：幸せは不幸となり、不幸は幸せとなる。その定まりはなく、変化するさまは極めることができず、その道理の深遠なるさまは測り知ることができない。ヒトの吉区禍福は定まらない。

2 パスカル：十七世紀のフランスの哲学者。「パンセ」の中で「人間は、考える葦である」と述べた。数学や確率論も優れ、人間の有限性を唱え禁欲主義者であった。

3 ラスキン：イギリスの社会思想家。文明論としての美術批判をし、新たな美感覚を開拓した。主著に「近代画家論」がある。

4 人生の意味：⑭で取りあげるフランクルは、人間の生の原動力は「意味を求める意志」であるという。

⑪ 大学でのよい教員とは
――人生の意味・新しい価値観（仁）への転換――

これまで、心理臨床家として働いてきた私は、大学の教員として「教育」に携わることになった。しばらくは、短大の学生に授業を行うことに試行錯誤が続いた。当初、学歴至上主義にもとづく大学の偏差値や成績にこだわっていた私は、学生から気ぐらいが高いといわれ嫌われていた。しかし、学生に合わせ、学生にわかりやすく伝えることを心がけていくと学生はよい反応を示してきた。このような経験から教員は、常識をもつべきであり、気どらず自然にふるまうことが必要であることがわかってきた。アメリカの思想家エマソン[1]は、「常識と気どらない対応くらいヒトを驚かせるものはない」といっている。しかも年月をかけてぶれない自分なりの教育方針をもって教えていけば、学生も前向きになっていくこともわかってきた。

1　エマソン：アメリカの思想家・詩人。物質主義とキリスト教会の伝統を批判し、直観で真理をとらえる「超絶主義」を唱えた。「自然論」が主著。

その教え方のコツとしては、①よいわるいという善悪はなるべく明確に伝える、②いきなり、学生へ教育成果を求めない、③伝えることばは、学生自らが考えさせられることばがよい、④できるだけ学生へ自分の「地」を出して積極的に関わり、与えるものは与え、ほめる時はほめたほうがよいの四点があげられ、中立性を重視する心理療法実践とは異なる自分の個性を発揮するポイントを見出していった。教員として関わる過程で私の妻から影響を受けた内容として、人として[2]の「正直であること、素直さ、礼節」の大切さを学び、これまでの九州大学でのプライドを媒介とした人間関係のいがみ合いを次第に忘れ、新しい価値観をもつようになっていく。

時を経て私は、短大から大学の「文学部」の教員となったが、この「文学部」は、資格や免許を優先する学部に比べて次第に入学者が少なくなっていった。しかも、私の大学生時代とは異なって、年々、各教員に授業についての明確なシラバスを書かせ、それに即して授業を行い、どのくらい教育効果が生じたのかを数値化していかなければならないという教育の市場原理が波及していき、人々は、文学部や教養[3]（リベラルアーツ）のもつ数字や実際の資格としてはとらえにくい学問領域には関心を示さなくなっていった。

リベラルアーツとは、本来、ギリシャやローマ時代に成立した文法、修辞、論理を学ぶ学問であり、それは、孔子がいう「礼」、「楽」、「御」、「射」、「書」、「数」に相当する。「礼」は、宗教教育や儀礼のこと、「射」は、自己コントロールや集中力のこと、「書」は、書く能力、「数」は、計算力を意味している。
アメリカの影響を受けた「利便性」[4]や即座の効能に価値を置いた大学教育の現状をとらえて私は、今でもリベラルアーツや文学こそ人生における生き方の土台づくりとして重要であると思っている。教育の効果は、大学を卒業して長い時を経て現れることが多く、それは容易には数値化できないものではなかろうか。

随処に主と作れば立処皆真なり

——臨済禅師義玄の「臨済録」

解説：どこにいても周りにふりまわされることなく、自分の純粋な心を忘れずにものを見て、精一杯の真心で行動しなさい。そうすればどのような環境にいようと人生の真実や生の意味が発見できる。

2　人として：哲学者のカントは、「道徳」に従う「人」を「人格者」といっている。

3　教養：一定の文化理想を体得し、それによって個人が身につけた創造的な理解力や知識をいう。ドイツのゲーテは「ヒトの心がわかる者」を教養ある者ととらえた。学歴がなくても他者の心がわかる人を教養ある人ととらえる。

4　利便性：便利のよいことを意味する。合理性は、論理にかなった性質をいい、利便性と合理性が一致すればものごとは全てうまくいきやすい。しかし、ヒトの心は、利便性や合理性によって説明がつきにくい。利便性のもとの考えは、アメリカのデューイによる「プラグマティズム」（実用主義）による。

Ⅲ　秋季編——環境が価値観を変える——

長く暗い秋の晩がやってくると、
私には自分のしたいことが、はっきりわかる。

How well I know what I mean
to do When the long dark autumn evenings come.

——ロバート・ブラウニング
ヴィクトリア朝のイギリスの詩人

私が三十年以上も勤務していた活水女子大学。

⑫ 研究それは地味な仕事——親の教育への感謝——

大学の教員として就職できた利点の一つとして、研究費や図書費を大学に申請できることがあげられる。このことは、それまで少ない収入の中から自費で研究をしていたことへの大きな救いとなった。しかし、私の場合、九州大学での研究室間の争いに巻き込まれたことから、他者と共同研究をしていく機会はなく、ひとりで行う研究が主であった。

研究という仕事は、孤独であり、この孤独は自己愛的な楽しみという一面をもつ反面、淋しさをともない、そのことに耐えていかなければならない。この孤独は、英語でいう騒ぎ立つ心を沈黙させる孤独（solitude）であり、大切なものを失って心を痛める孤独（loneliness）ではない。

また、研究という仕事は、しつこさが必要である。最近では、若い心理学者の中に就職のためにわずか一～二年で終了する研究テーマを選ぶ者や国立大学の教官の中に欧米の新しい心理学の研究論文や書籍を翻訳して紹介するだけで自分の仕事を終える者もいるが、二十年も三十年もあるテーマについて明らかになるまで研究をしていく地道さや執念が研究の実を結ぶものである。

この地道さや執念は、私の親の教育のおかげであると感謝している。

しかし、この研究のしつこさは、他者からの客観的な評価がない場合、とかく片意地になりやすい。この片意地さは、考えの柔軟性を失い、無理をし、こだわりのみを残し、主観的な研究になりやすい。また、長年の研究過程で知識欲は高まり、この知識欲はとどめがなくなる。したがって、何が重要なのかを見極め、必要のない知識を切り捨てることも研究において重要である。また、研究者としての評価は、四〇歳代～五〇歳代までに、日の目を見ないと研究の職業人としては、適さないと思われる。

自分の研究に対する第三者からの評価は、心理学関係の学会での審査論文に投稿することによってわかってくる。ただ思いこむことや思うことだけでの独断は、研究においては許されない。後述する臨床心理学の論文審査の方法に問題を感じているものの、私の場合、主な精神医学や心理学関係の審査論文にほとんど挑戦し、掲載されて自信を得てきた。その過程で論文審査者からの厳しいコメントはあったものの、評価内容を吟味・検討することによって客観的なものの見方や考え方が身についていったようである。

しかし、この評価を重要視するあまり、多くの研究者から認められたいという欲求が、研究を行う目的に変化しやすい。一般に研究者は、ヒトから承認されたい欲求が強い。ヒトの行動は、この承認欲求[1]や自己顕示性[2]による動因が強い。発達心理学者のケーガン[3]によると、ヒトは、生後一歳八か月ですでに、何かができてそれを他者から認められたい欲求が生じるという。果たして研究は、ヒトから承認されることのために行うものであろうか。承認欲求に関連した研究上の問題は多い。たとえば、わが国の大学では、定年退職後、「名誉教授」を授与する大学が多い。「名誉教授」という意味は、一般市民がとらえる「名誉」ある教授という意味ではなく、本来は、長く教授としての職務を果たせた教員という意味がある。

デカルト[4]やガリレオ[5]がいうように研究は何のために行われるのかを明らかにしたうえで行う必要がある。研究の目的について、効率や利潤の追求という観点からの研究なのか、それともベル

1　承認欲求：他者からよく思われたい、認められたい欲求。社会への同調性や自尊心と関連する。自己顕示性は、実際以上の自分を見せる特徴をいう。哲学者ヘーゲルは、「承認」は自己と他者や集団との相互確認によって成立するといっている。自己愛的な者は、自己顕示のみで終わりやすい。

2　自己顕示性：自分の存在を必要以上に他者に目立つようにすることをいう。自己愛との関連があり、㉚で取りあげるギャバードのいう自己愛のタイプの誇大自己タイプとの関連がある。

3　ケーガン：ハーバード大学の発達臨床心理学者。二歳児の研究で著名。

4　デカルト：十七世紀のフランスの哲学者。「我思う、ゆえに我あり」といった「方法序説」は主著。「情念論」で今日の西洋医学の基盤となる心身二元論を唱えた。

5　ガリレオ：十六世紀のイタリアの物理学者・天文学者。地動説を唱え、数多くの衛星を望遠鏡で発見した。地動説によって裁判にかけられたことは有名である。

グソンがいうようにある結論や結果を出すのではなく、問題を提起するための研究なのかを考えていくことが重要である。

孔子は、「学問とは人生での最上の楽しみであり、自分の教養を高めるためであり、ヒトに知られるためではない」といっている。太ったブタよりもやせたソクラテスを選んだ私は、孤独としつこさをもって自分の教養を高めるためや自分を知るために退職後も地道に研究を続けている。

歩歩是道場

——維摩経「趙州録」

解説：素直な心さえあればどこでも学びの場である。心の学びの場は、心の内にあるのだから場所など関係なく、どんな条件でも自分を磨いていける。

---

⑬ 社会的役職を行って

大学教員の中に名刺に多くの肩書を入れる者もいるが、私は、本来、臨床家であることから肩書というものに魅力を感じないタイプである。しかし、ローカルな大学に何年も勤務していれば、自ずと肩書となる重要な社会的役割が回ってくる。私にもそれが回ってきた。

まず、勤務して十年が過ぎる頃、現在ではなくなってしまったが、文学部に人間関係学科が創設され、その学科の主任を、また、大学の教務部長を通算六年間、次いで文学部長を四年間、さらに大学とは別にボランティア団体の長崎いのちの電話[1]の理事長を三年以上務めてきた。どの役職も選挙によって決まったものであり、自ら立候補したものではない。社会や他者から必要とされない存在よりは必要とされる存在のほうが価値があるととらえ、また中年期を迎えて若い頃の九州大学

1　いのちの電話：電話での応答を通じて心理的ケアを行うボランティア活動。イギリスで始まり、わが国では、一九七一年に東京で開局され、現在では、ほぼ全国で開局されている。

での研究室間闘争の過程で対人関係のトラブルは、（1）相手への好きか、嫌いかの感情、（2）他社の欠点を許容できないため、（3）嫉妬と羨望、（4）タテマエとホンネの使い分けができないことの四点が原因であることがわかり、ヒトと争う心よりも自分を抑える心が必要であると考えてこれらの社会的役職を引き受けた。その過程で大学教員の中に研究よりもむしろ社会的役職や肩書にこだわる者も多くいることを知った。社会的役職の適性の論議に関わらず、退職する前に自己顕示性による教員間の社会的役職闘争もみてきた。その闘争内容は、大学の将来を考えたものではなく、むしろ高いプライドの維持と自己顕示欲の強さが左右していることがわかった。

　私は、これらの役職を行う中で、これまでの一対一の心理療法からグループでの人間関係のあり方をみていくことの難しさを学んでいった。グループでの人間関係は、大まかに「敵対」、「責任」、「同情」、「無視」に分けられるが、その難しさは、メンバーそれぞれの感情、意見や意志が異なるからである。精神分析のフロイドは、「サイコドラマ」（心理劇）で著名な自己顕示性が強い長身（約二メートル）であったモレノを嫌い、グループでの人間関係を退行的で、被暗示的になりやすいととらえて否定的にみたが、逆に来談者中心療法のロジャースは、晩年には個人的カウンセリングよりも共感、受容、支持が高まるエンカウンターグループ[2]を奨励している。

　私個人は、社会的役職を務めるなかでグループでの人間関係は、一対一の心理療法と比べてメンバーひとりひとりの心が深く読みとれないままでも一応の関係は成立すること、むしろ、皮相的でメンバーが相互に心を見透かされてはいけないという態勢からでも一応の関係が成立することを学んだ。換言すれば、グループでの関係は、対人的距離[3]のとり方と民主的態度で憎まれ役も買って出るリーダーシップ[4]のあり方が重要であることがわかった。また、ある程度のメンバーの心を受け入れる寛容さや現実吟味能力が必要なこと、及びことばと行動とが一致していればメンバーからの信頼を得ることがわかった。しかし、残念なことにこのような社会的役職を長く務めると臨床家としての個人の心の世界を深く理解していこうとする態度は薄れていき、現実的な思考や態度が強化されるためか学生相談に自主来談してくる学生は以前に比べて減っていった。

2　エンカウンターグループ：性善説の立場から、自分に気づく、自己開示し合う、他者と分かち合うための体験学習のグループ。アメリカで一九六〇年代にロジャースによってエンカウンター運動は高まった。

3　対人的距離：心理的距離ともいう。個人と他者との親近感や反発感などの距離のことをいう。現代人は、他者との安定した対人的距離がとりにくいといわれている。他者と親密になると相手にのみこまれる不安が生じ、他者と隔たりをもつと孤独になるという葛藤を「山あらしジレンマ」という。

4　リーダーシップ：指導権、指導的地位のことをいう。その機能は、課題達成と集団の維持の二つがある。リーダーシップの類似概念として勢力（パワー）がある。勢力とは、個人に対する影響力をいい、リーダーシップは集団の役割的影響力をいう。

白馬蘆花に入る

――「碧巌録」

解説：群生する白い芦の花の中に白馬が入ったら見分けがつかない。皆同じに見えてもヒトの個性や考え方はさまざまであり、ひとつだが別のもの、別のものだがひとつのものという意味がある。

⑭ 宗教を考える

心理療法と宗教とはどちらもヒトの心の安定をめざしており、深い関連がある。たとえば、精神分析療法のフロイドはユダヤ教信者であり、来談者中心療法のロジャースは、若い頃はキリスト教の牧師になることをめざし、また、ユングはキリスト教の牧師の子どもとして出生している。『夜と霧』で著名なフランクル[1]は、敬謙なカトリック信者であり、その思想からロゴテラピー[2]を創案している。わが国の森田療法や内観療法[3]も仏教的思想がその背景にある。

キリスト教は、多民族、多国籍の住民が群居している西アジアにおいて文化やことば、考え方

1　フランクル：オーストリアの精神科医。ナチスによる強制収容所での抑留生活から「ロゴテラピー」を創案した。

2　ロゴテラピー：フランクルが創案した心理療法。実存分析ともいう。人間の本質を「意味への意志」、「自由」、「責任性」とし、不安に挑戦する「逆説志向」や症状にとらわれず意味を志向する「反省除去」を強調する。

3　内観療法：吉本伊信が創案した療法。静かな部屋で一日中、今までお世話になったヒトに対しての「して返したこと」、「迷惑かけたこと」を年代順に内省させ、治療者がそれをチェックする。基本的信頼感や安定感の回復をめざす。

が異なる人々が、いかにして良い関係を築いていくかという課題に対して不可欠な絶対的な「神」を軸とした宗教であるともとらえられる。

私は、自分の勤務する大学の状況からこのキリスト教とは深い縁をもった。長崎県は、カトリック信者の数が全国でも最も多い県であるが、私の大学は、カトリックとは異なるプロテスタント系キリスト教を建学の精神としている。カトリックとプロテスタント系キリスト教との違いは、前者は、教示や教典に一貫性があり、ほぼいわばマニュアル化されているものの、後者は、牧師の考え方やパーソナリティによって教示や信仰の進め方が異なる点がみられる。大学の信者と関わるなかで親が信者であったために信者となった世襲タイプと青年期に自ら洗礼を志して信者になったタイプとはそのパーソナリティが異なっており、前者は、保守的、権威主義的であり、後者は、理論的で、革新的な特徴が強い点がみられた。

一方、仏教については、考え方は全て相対的であり、程度や度合いを強調し、ヒトの煩悩の強さを戒め、努力をしない放逸を嫌い、キリスト教とは異なって「我他彼此」というヒトと他者との一体感や未分化を肯定する特徴がある。この仏教も宗派が多く、一概にその特徴を判断できないが、後に私の知人が新型のうつ病になり新興の仏教宗派によって救われていったことから「仏知」というとらわれない心や「寂滅」という安らぎを生む心を教え導く点は心理療法的特徴があると感じた。

私が、大学に就職して間もなく島原で雲仙普賢岳の噴火があり、大きな災害が生じた。その折、私は、多くの宗教の代表者と共同で被災者への電話相談ボランティア組織をつくり、電話相談を行ったことがある。代表者は、キリスト教のカトリックの神父、プロテスタント系の牧師、また日蓮宗、真言宗、浄土真宗、浄土宗などの仏教僧侶であり、各宗教の特徴を彼らとの関わりによって少し学んだ。それは、各宗教の内容を知る貴重な経験であった。

その過程で心理療法と同様にヒトを支援していくことの難しさを再認識した。他者を自分が救わなければならないという「メシアコンプレックス」[4]をもつ者、また、自分の不幸を他者を支援することによって代償している「ポリアンナコンプレックス」[5]をもつ者もいた。

また、新興宗教の信者を多く増やす方法として、説得して信者にすることが多く、この方法は、心理療法の流派[6]がメンバーを増やすために、①あなたはカウンセラーとしてのセンスがあるとい

4　メシアコンプレックス：救世主コンプレックスともいう。自分にはメシアとしての役割が賦与されているとする思考をいう。病的になるとメシア妄想が生じ、病的予言者となりやすい。

5　ポリアンナコンプレックス：心理学者のオスグットが、肯定的なことばや感情のほうが否定的なものよりも大きな影響を与えることを「ポリアンナ効果」といった。小此木啓吾氏は、満たされない愛をもった者が、逆に他者に愛を与えることによって心を充足させる無意識のコンプレックスをポリアンナコンプレックスといった。

6　心理療法の流派：精神分析療法、分析心理学的心理療法、行動療法、来談者中心療法など流派は多い。

ってメンバーにする、②心理療法セミナーを多く開催して資金を増やすこととも類似していることもわかった。これに関連して、二〇二二年に生じた新興宗教にからんだ安部前総理の殺害事件で不幸、悲劇から救いを求める人々を利用した新興宗教の悪徳商法があげられる。このことから心理学は現実の事実のみを取りあげるが、人々は宗教によって救われる「奇跡」を期待しているという違いがあることがわかった。

また、退職前に「思いやり」や「わがまま」[7]という日本語の歴史や意味[8]の変遷を研究する中で日本文化を背景にもつ日本語は、仏教、儒教、神道などの宗教が大きく影響していることもわかった。「わがまま」という語は、縄文時代の母性的な多神教の影響が強く、「思いやり」という語は、法然の浄土真宗の影響が強いといわれている。

和光同塵

——「宏智広録」

解説：高みに立たず、苦しんでいるヒトがあれば素直に手を貸してみる。「助けてやる」という思いあがりがなく、皆が幸せになればそれでよい。

7　わがまま：「我のまま」が語源であり、日本文化を背景にもつ自己呈示のあり方。自分の思うままにすること、相手・集団をかえりみず自分勝手にすること、ぜいたくを尽くすことをいう。

8　日本語の歴史や意味：「近代言語学の祖」といわれるソシュールは、ことばを「区別のシステム」ととらえ、価値体系によってことばは異なるといい、哲学者ヴィットゲンシュタインは、日常使うことばに関心をもち、ことばと現実との関係をとらえている。

⑮ マスコミとの関わり

私は、九州大学の助手の時代から新聞やテレビ、ラジオなどのマスコミとの関わりがあった。それは、いじめや不登校などの心の問題についてや世間を騒がす大きな事件についてのコメントを求められることによる関わりであった。その関わりの中でマスコミに対してはあまりよい印象はない。

新聞記者は、よく研究しており、多くの情報収集から聞き出していくテクニックをもっていた。一方、テレビの報道者は録画の視点や撮影の表情をとらえて、伝えるべき正しい情報よりも視覚イメージを重視する派手なパーソナリティの者が多かった。情報や意見は部分的にマスコミの都合でカットされ、真実よりも、随分、逸れた情報を伝達することもあった。しかも伝達をしてあげるという上から目線のマスコミが多く、そこに謙虚さは感じられなかった。マスコミに携わる者やそれに関わる大学教員は、一般に派手で自己顕示欲が強い軽躁的である者が多い。彼らのいうほど人生は、それほど明るく派手なものであろうか。

マスコミを必要以上に重視する傾向は、読者や視聴者側の問題もあり、マキャベリ[1]の「君主論」に書かれているように一般大衆は内面や真実を軽視して、外見、うわべだけ、今だけを見聞している点があるからであろう。とかくヒトは、見聞上の刺激について派手さを求めやすい。本来、自己顕示性の乏しい私にとって新聞に私の記事が載ったり、テレビに私が登場するとそのことが私が思っている以上に大きな出来事としてとらえる読者や視聴者もいることに気づいた。また、臨床心理士や公認心理師になりたいという大学生になぜその職種に就きたいかを尋ねてみるとマスコミ（雑誌、テレビ、スマホ）によるこの職種についての誤った伝達によることが多いこともわかった。

一八〇〇年代のフランスの政治家のトクヴィルは、「マスコミ」が民主主義を今後リードしていくであろうと予言しているものの、私にとって臨床家は、得体のしれないマスコミという対象に深い関わりをもたず、知っていることを全て話さない[2]ことも重要であることにも気づいていった。とくに、大きな悲劇的な事件についての報道の場合、被害者側の悲劇を引き受ける覚悟をもって

1　マキャベリ：十四世紀のイタリアの作家・外交官。「君主論」、「マンドラゴラ」は主著。政治は、宗教や道徳と切り離して考えることを唱えた。「マキアベリズム」とは、目的のためには手段を選ばない独裁主義のことをいう。

2　知っていることを全て話さない：臨床家は、クライエントの情報に関して守秘義務がある。

マスコミに望む必要があると思う。

ヒトの心の影を扱う臨床家は、マスコミとは最も遠い距離にいるべき存在ではなかろうか。

危邦には入らず、乱邦には居らず。天下に道あれば則ち見われ、道無ければ則ち隠る。

――「論語」泰伯編

解説：危うい国には行かず、乱れた国には留まらない、天下に道がある時には、出仕し、道がなければ身を隠す。出処進退をその時の情勢によって臨機応変に判断することも重要である。

---

⑯ ボランティア活動の一長一短

私の内向的性格からボランティア活動とは縁がないものと思っていたが、福岡にいる頃、「いのちの電話」というボランティアの電話相談システムが開局され、その手伝いを始めたことが私の最初のボランティアを始めるきっかけであった。その後、長崎でも「いのちの電話」が開局されることになり、創案について少し助言が欲しいという依頼があって短い期間での支援という条件でそれを引き受けたが、辞められない状況となり、長い間その活動を続けていった。その過程でボランティア活動というグループの中での人間関係も難しいことがわかってきた。

ボランティアを行う動機について分類すると、欧米的な「個」をもって主体的に関わりたいという者と、何となく他者と関わりたいから、あるいは支え合いたいからという日本的な「和」を重視した者がいることがわかった。この両者は、組織を運営していくうえで、度々かみ合わない面が生じた。

また、ボランティア活動を行うには、心の余裕が必要であり、なかでも命を賭けた「狂った聖人」として関わる者は、グループでのトラブルが生じやすい。それは、ボランティア活動を行う特徴として他者へお役に立ちたいという「善」なるものと裏腹に「メシアコンプレックス」からくる自意識過剰で自己中心的な「悪」なるものの二つの側面があるからであろう。「いのちの電話」というボランティア活動は、イギリスに始まったものであり、たしかな「個」の確立と主体性をもって関わるべきであり、人生における生活上のゆとりがあることが必要条件であることもわかった。「眠らぬダイヤル」や「自殺予防」をその活動の中心テーマとしているが、眠らないで行う活動というものは、文明の作った副産物[1]であり、本来、自然な活動ではない。また、自殺予防といっても電話によって自殺をくい止めることは難しく、電話相談は、ないよりはあったほうがよい程度のものと思っていた。

　しかし、「いのちの電話」に関わることによって日本人のもつ震災や経済不況、コロナ禍、リストラなどによる突然の人生上の変化への弱さと社会的サポートの欠如のために自殺に走りやすい[2]ことがわかり、また、わが国の精神疾患をもつ者に対する心理療法的な精神医療の不備を補う意味から「いのちの電話」は貢献していることもわかった。

　さらに心理臨床の練磨という視点から電話を通した音声のみによってコーラー（電話相談者）の年齢や心理、生理状態、及び話している内容の真実味を推測していくことの訓練にもなり、また、ボランティアというアマチュアの相談員の中にプロの心理療法家以上に優れた心理療法家としての素質をもつ者もいることも知った。

このボランティア活動をやめて数年後、当時のボランティア仲間たちと会ってくったくのない関わりをもった。その中で自らの加齢も影響してボランティアを行う者に悪人はいないという性善説を実感した。

また、たかが電話相談ととらえるのではなく、私が電話相談で関わった「統合失調症」の男性コーラーの十五歳時から四十歳時までの二十五年間をふり返って、何度も自殺企図をくいとめたこと、生きることに少しの安心感を与えたこと[3]、また、進まぬ精神医療（展開しにくい統合失調

1　自殺をくい止めること：フランスの小説家のカミュは、人生で「不条理」に直面した際、①哲学的自殺をする（神を信じる）、②本当に自殺をする、③「不条理」と闘うことの三点をあげている。

2　自殺に走りやすい：今世紀に入って、わが国の自殺者数は世界の上位であり、年間二万人以上の自殺者を出している。主に中年期の男性が多く、リストラ、倒産、借金などの理由が多い。自殺は、一般に①対処できない体験をしている、②逃げる方法しかない状況にいる、③相談者がいない、の三つの要因から生じやすい。令和二年からの「コロナ禍」によって自殺は増えているという。また、筆者の投稿論文の審査の際、審査者の先生（大学の臨床心理学の教官）の中に臨床家でありながら「ヒトは、自殺する自由がある」といって筆者の論文を軽視する者もいた。このことから心理臨床家は哲学を学ぶ必要があるととらえている（拙論「心理臨床に役立つ哲学的知識の必要性」活水日文　六二号、一〇五—一三〇頁参照）。

3　現在、「治療者の生き方を取り入れていった男子統合失調症青年の長期面接過程」というタイトル名で臨床分野の研究雑誌に投稿中。

症の薬物療法）を補った点があげられる。この経験は、私の根気以外の何ものでもなく、私のライフワークでもあった。

足るを知れば辱められず、止まるを知れば殆うからず

——老子四十七章

解説：いつもほどほどの満足が重要なことを知っていれば、恥ずかしい思いをすることはない。踏みとどまるべき線をしっかりとわきまえていれば、危うい思いをすることはない。自分の分に安じてこだわらずに生きたほうがよい。

---

⑰ 心理臨床のローカリズム

私は、三十歳代後半で当時、心理療法のメッカであった九州大学から長崎県へ移った当初、ローカルな地に来たという違和感や挫折感をもっていた。しかし、生活になじむ過程で次第にこの地の良さも悪さもわかってきた。

長崎県は、「御九日」、「精霊流し」、「ランタン祭り」などの「祭り」が多く、「祭り」好きという県民性がある。精神科医の木村敏[1]によれば「祭り」とは、ディオニソス[2]ゾーエ、つまり無秩序さを種として保存していく本能であり、派手に感情中心で群がる特徴があるという。たしかにこの地の県民性として、派手好きで群がる傾向はみられる。

また、ヒトの目や世間体を気にしやすく、暇があればよくヒトのうわさ話をしている。ロール

1　木村敏：精神科医。精神病理の著書や論文が多い。『人と人との間』や『分裂病の現象学』が主著。

2　ディオニソス：ギリシャ神話の酩酊の神。ニーチェは、ディオニソスを陶酔的芸術を象徴する神とした。

シャッハテスト[3]では、F反応[4]よりもC反応[5]を示す人々が多いのであろうか。このようなことから、この地で心理学関係の講演を一般市民を対象に行う場合、市民は派手な話なくして実証的データにもとづく地味な話だけでは関心を示さないことが多い。

この県の心理臨床のアカデミズムについては、公認心理師を養成する私立の大学が一つあるが、教員は臨床活動を行っておらず、大学院生へのスーパービジョン[6]も盛んではない。また、国立大学の教育学部[7]も創設以来、今日まで心理臨床を専門とする教官を採用していないことから、多くの学校の教師を生み出しているものの、不登校[8]をただ「怠学」（ずる休み）ととらえ、登校刺激を与えるのみであり、教育委員会や県の小学・中学・高校の教師は、カウンセリングや心理療法についてはほとんど無知であり、また、関心も弱い。医学部も疫学研究や調査研究を中心に研究を行っており、ケース研究[9]は盛んではない。また、精神科の病院を中心とする病院心理臨床も福岡県とは異なり、もっぱらロールシャッハテストの実施が中心であり、心理療法を行う臨床心理士は少ないことが特徴である。とくにスクールカウンセリングについては後述するがその職務内容が定まっていない現状がある。

カトリック信者がわが国では比較的に多いことから宗教が心の問題の解決を支援しており、心の問題への専門家の必要性は感じられないが、治療システムが確立しないために、子どもや青年の残忍な非行や犯罪[10]が生じやすく、教育委員会は保守的であり臨床的、教育的な基盤は弱い。

3　ロールシャッハテスト：スイスの精神科医ロールシャッハが創案したテスト。左右対称のインクのしみ十枚で構成され、一枚一枚見せて、何に見えるかを答えさせ、その反応内容から心の中を解釈する。

4　F反応：ロールシャッハテストの反応で形を中心に反応することをいう。この反応が多いと知的能力があるととらえる。

5　C反応：ロールシャッハテストの反応で色を中心に反応することをいう。この反応が多いと環境に左右されやすいととらえる。

6　スーパービジョン：心理療法を行う初心者がその指導者から担当するケースの見方や治療法を学ぶことをいう。現在、わが国において心理療法を指導できるスーパーバイザーは少なく、心理面接を指導するスーパーバイザーが多い。心理療法の指導は難しく、筆者は、心理学に対して幻想をもつスーパーバイジーに対するスーパービジョンの失敗経験もある。

7　国立大学の教育学部：旧帝大（東京・京都・名古屋・東北・北海道・九州大学）の教育学部は小学・中学・高校の教員養成の大学ではなく研究者養成の大学、その他の国立大学教育学部は、主に教員養成大学である。

8　不登校：何らかの心理的な問題をもち、病気や経済的理由の者は除き、年間三十日以上の欠席をする現象をいう。年々、増加傾向があり、スクールカウンセラーはその対応に苦戦している現状がある。拙著『ケースで学ぶ不登校』（金子書房）を参考にしていただきたい。

9　ケース研究：事例研究、症例研究ともいう。具体的な個人やその家族、具体的な事件などについてあらゆる観点から材料を集めて研究することをいう。ケース研究の問題は、①普遍的（どんなクライエントにも、どんな治療者が行っても同じ結果が出る）、②客観性（第三者がクライエントの変化を客観的にとらえる）、③再現性（もう一度、同じ療法を行って同じ結果が出る）の三点の欠如があるという。

10　青年の残忍な非行や犯罪：二〇〇三年七月に長崎市で中学生男子が小学生の性器を切って殺害した事件、二〇〇四年六月に小学六年生女子が、学校で同級生女子をカッターナイフで殺害した事件、二〇〇七年十二月にスポーツクラブ「ルネサンス」で三十七歳の男性が散弾銃で男女二名を殺害した事件、二〇一四年七月に佐世保の高校生女子がマンションで同級生女子を殺害し、バラバラにした事件などがある。

また、県民性として競争心が乏しいことから、私にとって研究上のライバルもなく心理学関係の大学教員も三十年以上も研究業績が全くなくても教授に容易になり、あるいは自分の師を尊敬し、二十年以上もその師のテキストを読むだけでオリジナルな研究をしなくてもこの土地では適応できるという特殊な「自由性」があることが私の研究意欲を高め、研究や臨床活動のオリジナリティを生じさせたと思っている。

ヒトは存在するのではない。ヒトは自らを存在する

——レヴィナス

解説：ハイデッガーの「存在論」とフッサールの「現象学」を学んだレヴィナスは、我々が死んでも他者・外界は存在すると感じる「存在なき存在」を「イリヤ」と呼び、ヒトの「顔」は、対人関係上で重要であり、「顔」を「神のことばが宿る場所」ととらえた。彼は、自殺を否定し、「ローカル」な「共同体」を推進し、他者・外界との関係の維持と他者・外界との関係の中でヒトは存在することを唱えた。

---

⑱ 時は過ぎても

私の生まれた北九州市は、生産性や競争を重視し、小学、中学、高校時の同窓会の誘いなどは少ない。中学卒業時、集団就職した者、将来は父親の後を継いでアウトローな道に入った者、風俗業店に働く者もいて、環境はよくない中学校時代であった。しかし、四十歳の時と六十五歳の時、中学校時代の同窓会があった。興味本位に参加してみて懐かしさを感じた。

同窓生は、顔や身体は変化しているものの、その時、時間がとまったように感じ、話をしてみて中学時代の面影を感じた。顔というものは、人生のそれまでの経験を現しており、苦労をしてきた者は、疲れた、厳しい顔に、幸せな経験を多くしてきた者は、イキイキとした明るい顔に変化していた。

とくに女性は、その後、独身のままか、離婚したかなどの配偶者がいるかどうか、その配偶者がどんなヒトなのかによって、今の顔にその状態が現れていた。

一方、男性は、その後、どのような仕事をしてきたのか、今の仕事の内容や職場での地位などが顔に現れていた。また、アウトローな者たちもいて、私の九大時代の研究室闘争を聞いて同情し、「その連中、オレがやってやろうか」という冗談もいってくれた。

また、同窓生と中学時代の話をするなかで、当時あった事柄は、「そういう意味があったのか」と時を経てしか真実が見えてこないものもあることがわかった。また、当時、生じたネガティブなさまざまな経験は、「時間」というものが整理したり、洗い流したりして、「時の効果」というものを実感した。中学時代の先生たちも参加されており、昔話に花を咲かせた。先生たちは、口をそろえて私の当時を「よい子」だったといわれた。この縁からその後、先生たちとは年賀状のやりとりを続けていった。

「意識とは、自由をともなった記憶であり、そこには真の成長がある」

——ベルグソン

解説：ベルグソンは、今、「五時二分」というような「空間的時間」を「時間」の本質として取りあげず、「持続」に注目し、「持続の究極」を「永遠」ととらえ、ヒトは、「空間的時間」がとまったかのように「記憶」を「永遠」なものとして「蓄積」して自己の「存在」を確かなものにするといっている。

---

⑲ 突然のお断り――自分の「あさはかさ」に気づく――

大学へ就職をして二～三年目頃、私は、いわゆる図に乗っていた。連日のように県の教育委員会[1]から講演の依頼があり、心の問題やその対応についての講演を多く行い、また、医学博士を授与できた後、当時の私の学歴至上主義に則り次に教育学博士の授与をめざしていた。

ある夜、教育委員会の多くのメンバーから自分がたてまつられて、バカ騒ぎをしている夢を見た。

心理療法において、クライエントがみた夢を分析[2]することがあるが、一般には、夢内容を、①そのままその個人の願望としてみる、②「逆夢」、つまり夢内容と反対の願望内容としてみる、③

1　教育委員会：地方自治体の教育に関する事務をつかさどる行政委員会。都道府県レベルと市町村レベルがある。教員の出世に利用されやすいという問題もある。現在、教育委員会制度改革への動向がある。

2　夢を分析：フロイドによって始められたクライエントのみた夢の構造や要素を明らかにする作業。フロイド以後、ユング、エリクソン、ボスなどによって夢についての理論が構築されている。

心の混乱状態としてみるの三点からとらえることが多い。私のみた夢は、このうちの「逆夢」であった。夢は、ドイツ語で「トラウム」といい、その語源は「欺く」という意味に由来している。夢は、現実を欺きやすい。

それまで教育委員会と関わっていたが、その夢の後、突然、説明抜きに講演の依頼はなくなった。後でわかったことであるが、長崎県で臨床心理士会を発足するに当たり、臨床心理士のライセンスについて否定的である私の存在が教育委員会にとっては目の上のたんこぶであったようでどうしても排除する必要があったようである。一般に「よい子」やバカ正直な者は、鈍感といわれているが、このような気配を私は全く気づかなかった。他者を善人とみてその心の奥にあるものをみていない私の当時の「あさはかさ」があった。一方、立身出世に命をかけている教育委員会のメンバーや国立大学教官は、私ほど単純ではなく、現実的でしたたかであった。

さらに教育学博士の申請について、ある大学へその検討を依頼していたがその大学の面従腹背の教員から突然、申請を拒む回答があった。その背後には、九州大学の教官にとって私が二つの学位をもつことの抵抗があり、その教官から学位申請を拒むようにとの指示があったという。

このような二つの突然のお断り事件から、司馬遼太郎[3]が、「この娑婆は、大ウソの世界」といっているように現実の裏社会[4]のあり方を学び、私は、以後、はしゃがぬようにまた、目立たぬようにこの社会と関わりをもつことにした。

このことを通して、私は、他者と関わる際、ある程度、距離をおいて関わることの必要性がわかり、この距離がないことには他者を正しく見られないこともわかった。
また、人というものは、突然の事件があって初めてその実態を示すこともわかった。孔子は、事が起こって初めて君子の節操がわかると説いている。
人気とは不安定で、奇怪なものである。

好事不如無

――「碧巌録」

解説：どんなによいことでもそれに心がとらわれ、煩悩や妄想のもとになるならむしろないほうがよい。

3　司馬遼太郎：歴史作家。『竜馬がゆく』『國盗り物語』『坂の上の雲』などは著名な作品。

4　裏社会：現実社会は、裏社会によって左右されていることが多い。「闇社会」ともいい、特定の利を求めてリーダーとそのグループで形成されていることが多い。筆者は、この社会について「知らぬが仏」と思っている。

20 よき友、わるき友との別れ

「徒然草」[1]の中で友人には、物をくれる者、医師、知恵のある者の三人があることをあげている。私が、勤務する大学の中でひとり学歴至上主義をもち、有名な大学出身で博学な一風変わった男性教員がいた。彼は、私よりも七歳上で理系専攻であったが、日々、研究をしており、私とはなぜか気が合った。暇があれば、彼と研究、趣味や人間関係の話をし、山登りや飲食をともにした。彼は、私がつまずいた時、その度、私を励ましてくれた。私は、友人の条件として、正直、裏表のないこと、博識の三つを重視していたため、彼は私の人生の先輩でもあり、よき友人でもあり、また、ケチでヒトのうわさをよくするわるき友人でもあった。

彼は、還暦を過ぎた頃、大学で学生とある事件を引き起こし、当時の学長の依頼によって、やむなく私が、彼に辞職を勧めなければならないという事態が生じた。私にとって、長年、関わってきた友人を自ら裁いて別れていくことはつらい体験であった。

ケチは、心の栄養不足といわれているが、私は、彼の心にある満たされない愛情不足を日々、感じていた。人の幸せについては、その人のもつ尺度によってとらえ方が異なるが、研究業績のある大学教員がこのような形で大学を去ることは不幸なことであり、同時に私は、このような形で彼と別れざるをえない状況の大学にいることのつらさを感じた。

　イギリスの批評家のサミュエル・ジョンソン[2]が、「怠けものだったら友人をつくれ、友人がなければ怠けてはダメだ」といっているように私のその後は、孤独となり、家族外の他者との関わりは減り、ひとりで怠けずに研究や臨床、教育に励むことになり、この孤高が私ののちの心理療法のあり方に影響を及ぼしていった。

自灯明法灯明

――「涅槃経」

解説：闇の中で途方にくれて時間を無駄にするより、一歩ずつ自分自身を灯りとして進むこと。

1　徒然草：吉田兼好が鎌倉時代に執筆したエッセイ。「枕草子」「方丈記」と並び三大エッセイといわれている。

2　サミュエル・ジョンソン：イギリスの批評家。十八世紀のユーモアのある批評家。

21 大学運営の難しさ

私の所属していた「人間関係学科」は、少子化や大学院がなかったことから私の退職時頃より閉科が決定した。開設時より主任として関わった私は、落胆し、虚しさを感じた。二十年以上続いた学科が消滅していった原因は、具体的な免許資格取得がなく、教員の指導力の欠如、教員の職務怠慢、学科スタッフの凝集性の欠如、学科運営に関して派手な事務員に任せたこと、一部教員の飲酒中心職務、異性関係や精神疾患などがあげられる。今後、ローカルな大学の運営は、少子化や文部科学省による大学教育の厳しいチェックもあり、益々、難しくなるであろう。何といっても「医は仁術[1]」と同様に教員も、人間性と教育への熱意が必要である。

二〇一九年末に発生した世界的な「コロナ禍」によって大学の授業のあり方や学生相談室のカウセリングのあり方も変わってきた。それは、対面ではなく間接的にパソコンを用いて行う授業・カウンセリングの遠隔的支援である。現在、オンライン授業やオンラインカウンセリングの一長一短が検討されており、そのマイナス面として非言語的情報の乏しさ、臨場感がない、発話の衝突がある、自意識過剰になるなどがあげられている。たしかに機材を用いた教育は、便利ではあるが、大学が「適者生存」となる現在、「人間性の教育」や「基礎学力」の養成には「手づくりの教育」が必要ではないだろうか。

「貪欲は勤勉の鞭である」

――ヒューム

解説：イギリスの哲学者ヒュームは、「理性」よりも貪欲な「情念」（passions）を重視し、愛憎やプライドは、間接的情念といって、とくに「共感」を取りあげ、「共同体」形成においてこの「共感」に注目した。

1　医は仁術：医療は、人命を救う「博愛」の道であると貝原益軒の「養生訓」に書かれている。

Ⅳ　冬季編――勘の重要性――

自分では知らないのに、死を前にして
ぼくらは冷たく、優しくなる。
老年は心に冬をもたらし、精神に秋をもたらす。

Insensibly, ere we depart, We grow
more cold, more kind: Age makes
a winter in the heart, an autumn in the mind.

――ジョン・スパロウ
十七世紀のイギリスの評論家

中国の旧正月を祝う長崎の「ランタン祭り」。

㉒ 心の病との縁

私の人生において心の病との縁は深いものがある。私が出生した北九州市八幡区は、当時をふり返ると競争といがみ合いが多く、私の実家の前には、燃料店を自営する「アルコール依存症」[1]の店主が、また、その百メートル先には、「躁うつ病」[2]（双極性感情障害）の三十歳代の男性が、さらに、数百メートル先には、度々、「てんかん」[3]発作が生じて救急車で運ばれる二十歳ぐらいの女性が住んでいた。幼い私は、彼らが心の病であることには気づかず、彼らの風変りな行動や言動に興味をもっていた。

1　アルコール依存症：連続飲酒、問題飲酒、ブラックアウト、離脱症状などが特徴としてある。パーソナリティ障害の者に多い。

2　躁うつ病：双極性感情障害ともいう。躁状態とうつ状態との周期がある精神病。抗躁剤と抗うつ剤とが治療の中心となる。

3　てんかん：ケイレン発作をともなう病気。大発作と小発作とがある。先天的な真性てんかんと外傷や中毒による症状てんかんとがある。抗てんかん剤を用いて治療を行う。

その後、私の身のまわりに心の病の者が多く出現してくる。まず、私の職場の中に「統合失調症」[4]の者が、突然出現してくる。彼と私は、日頃から彼に関わらずをえない立場であり、私は、彼が正常な勤務ができるように日々配慮していった。彼は、ビンスワンガー[5]がいうように「わざとらしさ」が目立ち、私に対して極度な服従的態度をとることに私は抵抗を感じた。また、研究テーマについてもブランデンブルク[6]がいうように「自明性の喪失」[7]があるのか、当たりまえのことを仮説にして何回も研究を行う点がみられた。臨床家のサリバン[8]は、統合失調症の患者にとって治療者と仲間になることが治療となるといっているが、私は、⓴の「よき友、わるき友との別れ」で述べたように友人とのつらい別れを体験していることもあって、彼と親しい友人になることはできなかった。

また、私が四〇歳の時、身内の者が「アルコール依存症」になり、その両親を困らせた。約三〇年間も、精神科の病院で私が、「アルコール依存症」の患者たちに集団心理療法[9]を行っていることをふまえると、まさか、身内の者が、この病に陥るとは信じ難かった。「アルコール依存症」は、単に飲酒だけが問題ではなく、心理的な問題を多くもっている。現代の臨床心理士の中にこの「アルコール依存症」の治療へ立ち向かっていく者は少ないが、心の病の中で最も心理療法が適用しにくい病いであるととらえている。私なりに彼をサポートをしていくなかで彼は独身でその淋しさからアルコールをやめきれないことがわかった。その後、彼は結婚して、現在は断酒できているという。私は、彼の病の回復をきっかけに夫婦の関係の重要性を改めて学んだ。

さらに衝撃的なことは、私が、五〇歳代の後半になった頃、私の従弟の長男が就職直後に「うつ病」になったことがあげられる。彼は、私の知り合いの医師のクリニックに通ったものの、一向に治らず、後に新型の「うつ病」（ディスチミアうつ病[10]）であることがわかってくる。この新型「うつ病」は、どのような抗うつ剤を投与してもその効果が乏しく、パーソナリティや偏った認知

4　統合失調症：青年期に発症しやすい内因性の精神病。不眠、妄想、幻覚が症状の主体となる。十歳代で発症する破瓜型、二十歳代で発症する緊張型、中年期に発症する妄想型がある。遺伝率が高く、原因は不明である。薬物医療の開拓は進んでいるものの、決め手となるものがない。

5　ビンスワンガー：スイスの精神科医。精神分析とハイデガーの影響を受けて現存在分析を創案した。

6　ブランデンブルグ：ドイツの精神科医。人間学的精神医学の代表者。単純型統合失調症の研究で著名。

7　自明性の喪失：ブランデンブルグは、統合失調症の特徴としてあたりまえのことが次から次に疑問化しまとまりがなくなることをあげた。

8　サリバン：アメリカの精神科医。独自な対人関係論から統合失調症の患者をとらえ、治療を行った。前思春期の親友（チャム）の存在を重視した。

9　集団心理療法：私の約三〇年間のアルコール依存症患者の集団心理療法経験でヘビースモーカーだった私は、患者さんからの刺激で禁煙できたことがあげられる。拙著『図表で学ぶアルコール依存症』（星和書店）を参考にしていただきたい。

10　ディスチミアうつ病：精神科医の樽味伸氏が提唱した病名。他者のせいにしやすく自己愛的で過保護に育てられ、万能感もある。わがままなところがあり、几帳面でまじめなメランコリー親和型のうつ病とは異なる特徴をもつ。

があることが多い。私自身もこれまで信じてきた薬物療法中心の西洋医学や精神科医への不信感を抱き、また、失望していた。しかし、従弟の長男は、新興仏教を信じ、その僧侶による心理療法的関わりや漢方薬の服用によって治っていった。

このことを契機に私のもっていた学歴至上主義はますます弱まり、従来から信じていた精神医学や臨床心理学の理論や治療方法を白紙にして、人と人との関わりの大切さについてや困った人、悩む人に対して本当に役立つ心理療法について深く考えるようになり、これまで私が行ってきた心理療法体験を反省しながらのちに書籍にしてまとめてみることにした。

ニーチェ[11]は、病とは、心身が環境への機能不全になることと定義しているが、私とさまざまな心の病との縁は、心身の健康[12]とは何か、心の病が治っていくとは何かについても考えさせる機会を与えさせてくれたと思っている。

とくに不登校や精神疾患をもつケースと多く関わり、心の病が治ること[13]は、単に症状や問題行動を除去することだけではなく、クライエントが完全ではないにしても少しでも社会と広く、かつ深く関われるようになっていくことであることがわかった。

「私は、一つの言葉しかもっていない。ところがそれは私の言葉ではない」

——デリダ

解説：ポストモダン思想の代表者デリダは、従来の西洋哲学における普遍性のある「真理」を批判し、当たりまえのことを疑い、古い考えから新しい考えへと構造を見直す「脱構築」を唱えた。

11　ニーチェ：十九世紀のドイツの哲学者。「神は死んだ」といい、『悲劇の誕生』『ツァラトゥストラはかく語りき』は主著。永劫回帰説を唱えた。晩年は精神疾患になった。

12　心の健康：ヤホダのいう心の健康とは、①自己受容、②自己実現を目指す、③パーソナリティにまとまりがある、④自律性がある、⑤現実感がある、⑥人生に前向きであることをいう。

13　心の病が治ること：現代において心の病の治療とは、単に症状除去に限らず症状があっても社会適応できることがあげられる。

㉓ 人は死にゆくもの

私が、五〇歳になると同時に私の身内の者が次々に亡くなっていった。まず、義父が八十五歳で、次に義長兄が五十九歳で、その二年後に私の母が実家で脳出血で亡くなり、その二年後に義母が八十七歳で亡くなり、その直後に義母の面倒をみていた妻の実家の柱となっていた義次兄が五十九歳で、さらに二年後に私の父が老衰で九〇歳で亡くなり、その三年後に弟が急死した。

私の妻にとって、心の支えとなっていた両親とふたりの兄を亡くしたことへの悲しみは大きかった。私は、人生にも雨の日があり、暗く悲しい日もあると自分にいい聞かせ、何度も葬儀に出ながら、自分自身の生きられる距離を考えるようになった。当時、悲しみを感じるなかで悲しみは誰かに吐き出すことも大切であると思い、妻や友人へ悲しみを表現し、喪に服する[1]時間も必要であることもわかってきた。また、楽観的な考えも今後、生きていくなかで重要であると思い、なるべく楽観的な意志をもって悲しみの感情を統制していった。

その後、自分の死後についても考えるようになり、私の死後の妻や娘や孫の人生についてや将来の心理臨床界のことなども考えたり、また、死後の世界そのものについても考えるようになった。

儒教では、あの世はなくこの世だけであると説き、この世で「徳」[2]を積むこと（人格を磨くこと）をかかげており、また、仏教では、この世で「善」を行えばあの世は「浄土」[3]（仏のいる清らかな国）に行けると説く。また、キリスト教もこの世で神を信じ「善」を行えば、死後は天国へ行けるという。死後の不安の除去のために宗教が存在しているかもしれないが、次々に身内の者が亡くなっていっても故人は、私の心の中にイメージとして生きている。こうしたことから、私は、今、生きているあいだ他者へよい自分のイメージや印象が残るようにするようになった。

ガリレオは、この世に存在するものは全てやがては無になるといった。多くの身内の死に直面して楽観的な考え方へ努力をしてきたものの、私の人生観は次第に本居宣長[4]のいう「もののあはれ」[5]、つまりヒトは、現世、つまり浮世[6]でいかに経済力、名声、地位、名誉を得ようとも必ず無

1　喪に服する：故人に対して一定期間（仏教では四十九日間）、物忌みすることをいう。

2　徳：心の修養によってその身に得たすぐれた品性をいう。本来は、まっすぐで正しい行為を意味する。プラトンのいう「徳」は、知恵、勇気、節制を意味し、「徳」に背けば不和と憎しみを生むといった。

3　浄土：汚れや悪道のない仏の国をいう。

4　本居宣長：江戸中期の国学者。源氏物語の研究や「古事記伝」が主著。

5　もののあはれ：平安時代の貴族生活の中心的思想。優美・繊細・沈静・観照的の理念。人生のはかなさなどにふれた時に感じる情趣。

（死）になっていくことの「哀しみ」や「空しさ」を感じるようになってきた。盛大な葬式をして生前に活躍した存在を誇示しても式に参加した者としては、自分の地位や名誉獲得に役立ててくれた感謝のために参加する者が多いことを見て、私自身の葬式は、ひそかにこの世から身を隠すようなものにしたいと思っている。

「いつか必ず死が訪れるということを思い知らなければ生きていることを実感することもできない」

——ハイデッガー

解説：ドイツの哲学者ハイデッガーは、時間を「今」の時間の「本来的時間」、「死」を意識している生きる時間を「根源的時間」に分け、「今」を吟味して生きることを「実存」といった。

死生命有り、富貴天に在り

——「論語」顔淵十二篇

解説：ヒトの生死は天命にゆだねられ、ヒトの富貴は天命にかかっている。ヒトとしてすべきことをしていればそれでよい。

6　浮世：つらい無常の世という意味の仏教語であり、現実の世のはかなさをいう。

㉔ 男として花咲かす日

時は前後するが、死とともに生、つまり、フロイドのいう生の本能である「エロス」[1]が、人生において絶頂の時期もあるのではないかと思われる。

私が、四〇歳代の後半の頃、産業カウンセラー[2]の養成講座を担当しており、そこで同年齢の女性たちと関わりを多くもった。関わりといってもお茶や食事をともにしたり、パーティなどに参加するものであった。彼らは、大学の教員という職種を特別なものととらえ、私の経歴や心理学的なもののとらえ方について多くの質問をしてきた。ヒトは、話すことばと行為が他者へ影響を与える適齢期というものがあるのだろうか。彼らにとってその頃の私の顔はよく映っていたのであろう。

イギリスの小説家のサッカレー[3]は、「世間というのは鏡なのでのぞけば自分の顔が映っている。こちらがしかめっつらをすれば、むこうも嫌な顔でこっちを見る」といっている。私の返した答えは、彼らにとって大きなインパクトを与え、その時、私自身、人生の盛りを感じた。私としては、一般的な答えをしたつもりでも彼らにとっては大きな影響を与えたようである。わずか二〜三年間の出来事であったが、異性に全く人気がなかった私にも「エロス」の絶頂期はあったのだという一時的な自負心が生じた。

勢不可使尽

——大之普覚禅師書「大慧武庫」

解説：絶好調の時こそ冷静にわが身をふり返り、自らの行動を反省すべきである。

1　エロス：本来、古代ギリシャでは、「理想」（イデア）を求める欲求のことをいったが、フロイドは、無意識世界に生の本能の「エロス」と死の本能の「タナトス」とがあるととらえた。

2　産業カウンセラー：日本の産業カウンセラーの歴史は、臨床心理士よりも古く、一九六〇年（昭和三十五年）に日本産業カウンセラー協会が発足している。わが国の心理臨床界では、今日においても産業カウンセラーと私立大学学生相談室の常勤カウンセラーは少ない。それはなぜかを考えてみる必要がある。

3　サッカレー：イギリスの小説家。ディケンズと並称される作家。

㉕ 運は向こうからやってくる

「禍福は糾える縄のごとし」というように人生は、良い日と悪い日がくり返される。イギリスのことばに「望むものは向こうからやってくる」とあるように六〇歳を迎えようとした頃、筑波大学の松原達哉先生[1]から第四十二回日本カウンセリング学会[2]を私の所属する活水女子大学でやってみないかという誘いがあった。大学院もなく、心理学教員も当時わずか、四名しかいないこの大学で学会の開催が可能かどうかに悩んだが、若い頃、九州大学の助手をしていて大きな学会を二つも開催支援してきた自信がこの地でやってみる決断をさせた。

想像と現実とは異なるもので、私の大学の教員や職員、学生たちは一丸となって協力してくれた。宿泊、会計、発表会場、パワーポイントの設定、大学プログラムの作成、受付などに力を尽くしてもらった。この大会で九州大学時代の指導教官のひとりでもあった村山正治先生[3]に記念講演をしていただき、國分康孝先生[4]との顔合わせの実現も記念すべきものだった。この学会の実施によって、今までひとりで行ってきた臨床経験や研究が、どの程度正確で価値のあるものなのかについて私以外のさまざまな教員や大学院生の研究発表やシンポジウムを聞いたり、見たりすることで、確認ができた。と同時に活水学院の方々の協力に有り難さを感じた。

孔子が、五〇歳になると何のために自分が生きているのかという天命を知るといっているように、また、サルトル[5]がヒトの「存在理由」はあとからついてくるというように、私にとっては、六〇歳を迎えようとする頃、初めてこの天命がわかったのである。

禍は福のよる所、福は禍のふす所、たれかその極みを知らん

――「淮南子」

解説：禍には福が寄り添い、福には禍が潜じている。誰にその究極の道理がわかろうか。ヒトの吉凶禍福は常に定まりのない変化がある。

---

1 松原達哉：臨床心理学者。日本産業カウンセリング学会や日本カウンセリング学会の運営に貢献している。

2 日本カウンセリング学会：一九六七年に設立された「日本相談学会」が母体となり一九八七年にこの学会が設立された。治療としてではなくヒトの心の成長への支援としてのカウンセリングが強調されている。

3 村山正治：わが国の代表となる来談者中心療法家。現在では、わが国のスクールカウンセリングに関する代表者。

4 國分康孝：折衷主義カウンセリングや論理療法を紹介したわが国の代表的なカウンセラー。日本教育カウンセラー協会会長。

5 サルトル：二〇世紀のフランスの哲学者。「実存が先に本質が後である」といい、ヒトは、いつも「自由の刑」にさらされ、「自己責任」をもって「決断」する「実存」を説いた。また、彼は、「アンガージュマン」という政治運動も行った。

26 心理臨床家としての私と今——思いやりと智恵の大切さ——

国立大学の教官とは異なって、著名な出版社からの原稿依頼もなく、また、盛大な最終講義[1]もない大学にいることをふまえて、今日まで心理臨床を行ってきた私をふり返るために、自ら大きな出版社に働きかけて心理療法に関する書籍を多く執筆してみることにした。スマホやパソコンの普及によって書籍が売れなくなった現代において、著名ではない私が、大きな出版社へ刊行を依頼することは、それなりの努力と相当な苦労を要した。出版社には、プロデューサー、ディレクター、コーディネイター、エディターなどがいて彼らとの交流から文章で表現することの難しさを痛感した。

私の執筆の特徴として、表現や考え方が複雑である場合、それぞれのことばの原点や定義に戻ってその本質に立ち返って書いてみることと、読者にとってのわかりやすさをねらって書いてみることがあげられる。読者にとってのわかりやすさ（vulgarization）のために、①経験をもとに、②ことばによって、③図表を用いることがあげられる。しかし、心理療法家としての今までの自分の成長をみていくなかで、その説明は、図式化ができるほど単純ではなかった。

私の場合、心理療法をともに行う仲間がいなかったことから、フリーシンカーとしての考え方や行動様式が身につき、今の若い臨床心理士たちとは異なって、地味で古典的な心理療法を展開させたととらえている。この方法は、時が過ぎれば、心理療法の基本として十分、理解されることを信じている。

具体的には、今日、注目されている短期間の解決志向療法[2]や認知行動療法と比較して、私の場合、①治療目的を最初から断定せず、インテーク面接の結末と治療関係の展開に即してとらえていく、②今日のスクールカウンセラーが、教師や親、ケースワーカーなどの多くの者といっしょに連携[3]している心理面接とは異なって、治療者としてひとりでクライエントへの心理療法を行いやすい、③行動療法家とは異なってヒトの心を有と無、イエスとノーの二元論ではなく二律背反[4]するものとしてみていく、④現在のスクールカウンセラーがよく行っているメールや喫茶店での不定期な面接よりも一定の時間で面接室で守秘義務を守った面接という治療構造[5]をとるという特徴がある。

本書の「著書書籍一覧」から私の書籍は比較的多いことがわかる。しかし、書籍の種類が多いにもかかわらず、なぜ購読者が少ないのかと考えると、（1）私の名が著名ではないこと、（2）心理学や心理臨床に関して抱いている幻想を壊す文面が多いことによることがわかった。ヒトは、いつも幻想を追って生きているのである。

　ところで、今日では、臨床心理士・公認心理師も多く、臨床心理学に関心が高まっているものの、私の大学院時代は、臨床心理学は学問として心理学の中でも最も低く評価されていた。当時から、少しずつとくに心理療法の「科学性」が問われ、普遍性、再現性、客観性が重要視されて、数値化や合目的性、効率性に価値を置く心理療法が叫ばれていた。このような「科学性」を強化していくと、哲学者フッサール[6]がいうように生のヒトの実態を見失うという学問の危機に陥りやすい。

1　最終講義：主に国立大学の教官が定年退職時に行う最後の講義をいう。学生以外に多くの聴講者をまねき、盛大な式を行うことが多い。その内容は、研究の集大成であることが多い。

2　解決志向療法：一九八〇年以後、アメリカで短期心理療法が普及し、ド・シェイザーやバーグらによって開発された療法。問題の解決をめざし、三〜五回で終了する。

3　連携：病院では、多職種連携を「チーム医療」という。院内の医師、看護師、リハビリテーション部門の作業療法士や理学療法士、ケースワーカー、臨床心理士による連携と病院スタッフと地域包括センターとの連携がある。

4　二律背反：二つのことが互いに矛盾して両立しないことをいう。葛藤や悩みは二律背反から生じる。「心」の語源は「コロコロ」にあり、「心」は、本来、二律背反している。

5　治療構造：治療者とクライエントの交流を規定するさまざまな要因と条件が構造化されたものをいう。たとえば、面接時間、面接場所、料金、回数、守秘義務などがあげられる。

6　フッサール：現象学の創案者。ドイツの哲学者。「事象そのものへ」を強調し、事実の本質を直観によってとらえようとした。晩年は、相互主観性に注目した。

私の場合、心理療法の「科学性」[7]にも注目してきたが、むしろ、「関係性」、「個別性」、「経験」のほうを重要視してきた。時は変わり、臨床心理士認定協会の臨床心理士の資格[8]ができて、以前とは逆に心理療法の「関係性」、「個別性」、「経験」にも価値が置かれるようになってきた。しかし、認定協会ができて二十年も過ぎると私の師である前田重治先生が心理療法は、臨床経験が七割で理論（知識）が三割であると唱えた重要性は薄れ、医師グヤットが、ＥＢＭ[9]（根拠のある医療）を唱えたことから、今日では、再び科学的な根拠にもとづく心理療法が強調され始めた。

　私の「関係性」、「個別性」、「経験」を重視した五〇年間に及ぶ心理療法についての研究結果では、青年期クライエントに対して心理療法を行ってきた経験と「青年期の危機」[10]に関する健常青年を対象とした多くの調査結果から、「青年期の危機」に陥る最も影響を及ぼす強い要因は、「自我の強さ」（心の強さ）の程度であることが明らかにされた。この「青年期の危機」に関する研究について現在では、青年の約三割程度がこの危機を経験しており、残りの青年は危機を回避していることが明らかにされ、以後の私の青年期研究は主に「キャリア」に関する研究へと展開していった。また、健常青年を対象とした「自我の強さ」を強くさせる各種心理療法の効果[11]に関した多くのアナログ研究（実際の治療としての心理療法に類似した研究）の結果では、治療者役のクライエント役に対する「共感性」の程度がクライエント役の「自我」を強くさせる影響要因であることが明らかにされた。その結果、常識とか月並といわれ、軽視されがちな「共感性」の重要性が再確認できた。

「共感性」とは、わが国では「思いやり」[12]のことであり、この研究を進めるなかで、自らの偏

7　科学性：二〇世紀初期にアメリカのワトソンが「心理学」の科学性について問題提起し、「行動科学」としての「心理学」を唱えた。ワトソンの人間性について、彼の児童期の非行や中年期に不倫から大学を辞職したことはあまり知られていない。人間的に問題のある心理学者の説を全面的に支持している現代の心理学者にも疑問を抱いている。百年以上も過ぎた「行動の科学」は、今日までいくつ法則を定立しているのだろうか。

8　臨床心理士認定資格：日本臨床心理士認定資格協会が一九九〇年より認定する資格をいう。

9　ＥＢＭ：根拠にもとづく医療のことをいう。良心的、明確に、分別をもって最新最良の医学知見を用いる医療をいう。この考えの影響を受けて二十一世紀になってそれまでの臨床経験の重視よりも心理療法や臨床心理学において「根拠があるかどうか」を強調し始めた。今日のわが国の臨床心理学の教員は、臨床経験が乏しいにもかかわらず、「科学的根拠」を盲信しているが、臨床心理学の基本は、臨床「経験」であることを忘れてはならない。

10　青年期の危機：中学・高校・大学時代において、「自分とは何者か」というアイデンティティの葛藤と親との独立と依存の葛藤が生じることをいう（拙著「自我強度に関するこれまでの研究とその展望」活水日文、六三号、一四―四四頁を参照）。

11　心理療法の効果：アイゼンクは、心理療法の効果は、十人のクライエントのうちで三人が治療効果を示し、残りの七人は自然治癒であることを明らかにした。

12　思いやり：源氏物語にも記されている古い日本語。相手へ思いを遣ることを意味し、「共感性」という語に類似する。「思いやり」という語の特徴は、非言語的に「察する」ことと「勘」を働かせて、すばやく相手の感情に気づく点があげられる。欧米に由来する「共感性」という語よりも「同情」という語に近く、こちらの相手への積極的な態度を示す語である。拙著「共感性と日本語の思いやりの意味の相違点とその測定」（活水論文集、第六二集、一―一五頁）を参考にしていただきたい。

見と野望を捨て、自己愛を脱皮した治療者側の人間性が何よりも大切であることがわかった。と同時に、治療者とクライエントとの「相性」が重要であることがわかり、臨床家サリバンのいう「同種の者は同種によって治療される」ことが確認された。

また、私は、若い頃よりとくに固定した治療構造の中から無意識世界に潜伏する欲望を相対的にとらえていくという治療論をもつ精神分析療法にこだわってきたが、今の大学に就職してからは、臨床経験のみならず、個人的な経験や私的な出来事の影響を受けて、ユングのいう無意識世界の個人のもつ元型とその絶対性（集合的無意識[13]）に興味をもち、心をイメージや象徴で表現する心理療法にも価値を見出していった。

このように自分の今までの行ってきたことを整理し、クライエントに対して本当に役立つ心理療法とは何かを考えた結果、「共感」とともにものごとを正しく修正していく「智恵[14]」も重要であることがわかってきた。ここで若い臨床心理士や公認心理師のために現代青年の心性、今後のスクールカウンセリングと病院心理臨床のあり方、そして今の青年が、なぜこの臨床心理士や公認心理師の仕事に就きたがるのかについて詳しくふれたい。

「一つの言語を想像することは一つの生活形式を想像することである」

――ヴィットゲンシュタイン

解説：オーストリアの哲学者ヴィットゲンシュタインは、これまでの哲学者の問題として、用いてきた「言葉」をあげ、日常的なコンテクストにおいて用いる「言葉」を重視し、「言葉」と「現実」との関係を取りあげた。

13　集合的無意識：ユングは、ヒトには生得的に心の基底をなす無意識内容があるととらえた。それは、時や文化を越えており、神話、昔話、夢、妄想などに共通してみられるという。

14　智恵：存在する全てのものを直感的にあるがままに把握できる能力をいう。生きていくための知識や経験を通して身につく適応力を意味する。英知は、人生をよりよく生きるための高次の智恵をいう。仏教では、智恵は、最高の徳目ととらえる。

㉗ 現代青年の心性

青年の心理や病理の特性は、その時代の影響力が強い。青年の心理や病理の特性は、私のみるところ十五年周期で変化しているようである。一九九一年の「バブル崩壊」[1]後、主に過剰適応[2]や不登校やひきこもり[3]が目立ち、現代、つまり「令和」が始まった今日の青年の心の特性は、①自己愛的、②親から分離不全、③承認欲求と同調性が強い同性中心の交友関係、④男子の怒りと女子のうつ状態傾向の四点がとらえられる。

①の自己愛については、不登校・ひきこもりが増えて非行を示す青年が減って現実回避やリスク回避の特徴がみられる。②の親からの分離不全については、親子関係が上下関係ではなく、むしろ友人関係のような対等な関係に変化していること、または、親が親としての役割を果たせないことから生じる親からの分離以前の心の問題をもつ青年が増えていることがあげられる。さらに③の交友関係については、ＳＮＳ、つまりスマホやインターネットによる関係によって、ⓐ衝突を避け、承認欲求と同調性が強い。ⓑ家庭と学校の連続性の強化、ⓒ直接の関係の乏しさから

くる恋愛関係の欠如と同性中心の関係の強化があげられる。さらに④の心の問題の性差については、男子は、自尊感情の傷つきによる「怒り」、とくに「キレ」[4]ること、一方、女子は、他者からの評価の傷つきによる「うつ状態」が臨床現場において目立っていることがあげられる。青年の心の問題に携わる臨床家は、このような現代青年の心性[5]を知って関わると面接・治療関係も深まるのではないかと思われる。

1　バブル崩壊：一九九一年～一九九三年頃に生じた株価や地価の急落。

2　過剰適応：内的欲求を抑えて無理に親、教師、同僚に合わせることをいう。

3　ひきこもり：家族以外との人間関係がなく、社会参加（仕事や登校）をしていない状態をいう。一九九〇年代後半から問題視され、青年期から中年期の男性に多い。不登校の延長ととらえる専門家も多い。

4　キレる：対人関係においてたかぶった怒りが、がまんの限界を越えて一気にあらわになることをいう。一九九〇年代から社会現象として用いられている語。怒りの抑制（アンガーコントロール）がテーマとなる。従来、不登校やひきこもりは、おとなしく攻撃性を同僚や家族に発散することはないといわれていたが、最近ではうっ積された攻撃性を爆発させた事件が多い。

5　現代青年の心性：拙著「青年期自我の時代的変遷に関する臨床心理学的考察」（活水論文集、第六四集、二三―三九頁）と拙論「大学生における自己愛的自己調整からみた怒りと抑うつの発生過程」（活水日文、六四号、二〇―四三）を参考にしていただきたい。

偶成

少年易老学難成　一寸光陰不可軽
未覚池塘春草夢　階前梧葉己秋声

――観中中諦

解説：若いと思っていても時はすぐに過ぎ、何も学べないで終わってしまいやすい。時を大切にして学び、生きていかなければならない。

㉘ スクールカウンセラーは何をするのか

河合隼雄氏は、現在のスクールカウンセラー制度ができた頃、「異質なものを学校へ入れこむ努力」を奨励していたが、現在は、そのような状況ではないととらえている。私が『学校カウンセリング』（ナカニシヤ出版）を一九九一年に刊行した頃とは状況は大きく異なっている。私は大学院生の頃、今日のスクールカウンセラーの仕事をし、現在も行っているが、当時は、学校へ出向いてカウンセリングをすることに対して先輩や諸先生は反対し、批判的であったが、現在では、スクールカウンセリングは、臨床心理士の主たる職種となっている。スクールカウンセラーは、現在では年々増加しているにもかかわらず、不登校生徒も年々増加している。そこで現在のスクールカウンセラーに述べたいことは、①そのつど、保護者や教師は、スクールカウンセラーに何を期待しているのかを明確にして仕事を始めること、それは、保護者、教師、生徒本人のスクールカウンセラーに望む内容がそれぞれ異なるためにとかくスクールカウンセラーへの幻滅が生じやすいからである、②スクールカウンセラーへの教師のもつ幻想（カウンセリングをすれば登校できる）を取り除き、スクールカウンセラーは、本当にできることを自覚して、それを第三者に伝えること、とくに、ⓐ非行の治療についてはスクールカウンセラーは得意ではないこと、ⓑ教師は、不登校生徒に登校刺激[1]を与えるべきかどうかに迷っていることを知って、不登校生徒を即座に登校させる魔術をスクールカウンセラーはもっていないことを伝える必要がある。現在のスクールカウンセラーができることは、わが国ではなぜか臨床経験が乏しい著者の「不登校」に関する書籍は多く購読されているが、拙著『ケースで学ぶ不登校』（金子書房）を参考にして悩む者の悩む心を聞くこと[2]、とくに真のカウンセリングができること、および生徒の進路（とくにフリースクールや適応指導教室への導入）や将来を考えていくこと。また、現在の学校現場は教員不足のためか教師は多忙であり、ストレスもうっ積して「うつ状態」や「うつ病」に陥りやすく、「モンスターペアレント」の保護者に手を焼いている現状を知って教師と保護者との仲裁役を行うことがあげられる。また、③現在の子どもは、「ことば」で心を表現する能力が乏しく、心の問題をもつ生徒に対してスクールカウンセラーは、「ことば」中心のカウンセリングよりもむしろ生徒と「遊び」という非言語的交流[3]を中心に関わっていったほうが展開しやすいであろう、④今後のわが国のスクールカウンセラーの仕事は、アメリカの「スクールサイコロジスト」のように学校・学級運営の方法や教育心理学を取り入れた生徒の学習指導、および「キャリア」教育[4]へと展開していくであろうことの四点である。

「哲学者とはおのれ自身の端緒が絶えず更新されていく経験である」

――メルロ・ポンティ

解説：哲学のみならず人生や臨床活動にも当てはまる言葉である。「科学的根拠」の重要性をひたすら盲信する狭い心理臨床学界に自分を枠づけしないで自分のため、クライエントのために広く考えて経験すべきである。

1　登校刺激：教師・親・スクールカウンセラーが、不登校生徒に登校を促すことをいう。長期欠席生徒への登校刺激は逆効果となりやすいが「五月雨」タイプの不登校生徒への登校刺激は効果がある。身体症状が生じて登校抵抗が強い生徒へは登校刺激を与えないことが望ましい。四月上旬、五月上旬、九月中旬、一月上旬に登校刺激を与えると登校を続けることが多い（拙著『ケースで学ぶ不登校』金子書房を参照のこと）。

2　悩む心を聞くこと：心理療法において「聞くこと」（聴くこと）については、無意識水準から意識水準までの水準があり、どの心理療法流派の者でもことばを介した真のカウンセリングの体得が必要である。拙著『やさしく学ぶカウンセリング』（金子書房）を参考にしていただきたい。

3　非言語的交流：中学二年生以前の心の問題をもつ生徒に対して「ことば」中心ではなく、描画、ゲーム、～ごっこ、粘土遊び、コラージュ、箱庭を通した交流のことをいう。社会心理学では、ことば以外の態度、姿勢、視線などの交流をいう。拙著「青年期の自我強度と共感性との関連にもとづく心理療法導入に関する交流手段」（活水日文六一号、一一―十五頁）を参考にしていただきたい。

4　キャリア教育：社会人として行う仕事について教育することをいう。単なる進路指導ではなく、その人の人生を通した社会的、職業的自立の教育をいう。二〇一一年より文部科学省や厚生労働省が推進し始めた。

29 病院での臨床心理士・公認心理師が果たせること

私は、一九九二年にナカニシヤ出版から『病院心理臨床入門』を上梓していただいたが、この書籍は事実をストレートに書いており、当時の若い臨床心理士にとって病院心理臨床の明るい夢や希望を失う内容であったためか多くは購読されなかった。その後、約三十年が経過したが、病院心理臨床の現状は何も変わっていない。しかし、現在は、病院心理臨床は重要な仕事として注目されている。大学院生時から現在までの心療内科や精神科病院での私の経験をもとに今後、病院において若い心理職の方、とくに公認心理師[1]の方が、果たしていく職務について次の四点をあげておきたい。①医師の診断への援助としての心理テストの実践においては、とくに時間がかからず、解釈が比較的容易な心理テストとして、バウムテスト、ベンダーゲシュタルトテスト、新制MMPIがあげられる。また、今日、「発達障害[2]」が注目をあびていることから、その診断としてウィスクやウェイスの実践も必要である。とかく診断名は、時代とともに流行しやすい。「診断」は、いたずらに行うべきものではなく、「診断」が「治療」に結びつかなければただのレッテル貼りになりやすい点に注意する必要がある。また、私の願いとして現在よりも心理テストの保険点数を上げてもらいたい。②デイケア・ナイトケア、患者の家族会、患者会などのグループワークのリーダーやコーディネイターの仕事ができる必要がある。また、集団心理療法の方法を身につけていく必要もある。その根拠として、長期入院患者[3]の社会復帰が勧められていることがあげられる。また、他職の者との心理面接にもとづいた「連携」が必要であり、その際、クライエントの守秘義務や心理職の者は、実際に何ができるのかを伝えることが重要である。③少子高齢化が進み、今後の心理職の対象は、高齢者が中心となるであろう。とくに認知症[4]患者の心理テストやグループワークの方法を学んでいく必要がある。④外来クリニックに勤務する心理職は、単に話を聞く心理面接よりも個人心理療法の実践も必要であり、そのためには、経験豊か[5]なスーパ

1　公認心理師：二〇一七年に国家資格として制度化された。他職種と連携して心理的支援を行う。教育、医療、産業、司法、福祉にまたがる仕事で求められるであろう。

2　発達障害：親の育て方や教育に原因があるわけではなく、原因不明の「自閉症スペクトラム症（自閉症やアスペルガー症候群）」、「注意欠如・多動性障害」、「限局性学習症」（学習障害）のことをいう。

3　長期入院患者：日本の精神科病院での患者の平均在院日数は、二八〇日前後であり、この日数は、世界的にみて非常に多いといわれている。とくに統合失調症は、長期入院が多い。

4　認知症：老化によるもの忘れではなく、記憶障害、失見当、もの盗られ妄想、徘徊などがみられる。女性に多い「アルツハイマー」型、男性に多い「血管性」型、幻視や妄想が生じる「レビー小体」型の三つがある。次第に症状は進行しやすい。

ーバイザーからスーパービジョンを受ける必要がある。とくに今日、「認知行動療法」の普及が叫ばれているが、私の経験から患者の「認知」を変容させるには精神分析療法や来談者中心療法でいう「関わり方」を身につけておかなければ皮相的な「認知行動療法」になりやすい点があることをあげておきたい。このように述べる根拠として、拙著『やさしく学ぶ認知行動療法』（ナカニシヤ出版）よりも「カウンセリング」について素人にもわかりやすく説いた『やさしく学ぶカウンセリング26のレッスン』（金子書房）の方が購買冊数がはるかに多いことがあげられる。

「人間は自由なものとして生まれた。しかるに、いたるところで鎖につながれている」

——ルソー

解説：人間は、本来、自由な存在として生まれたが、社会の中で私たちも病院の患者さんたちもさまざまな意味から不自由な存在になっている。

5　鑪幹八郎氏は、臨床心理士がスーパービジョンを受けることは不可欠であるといっているが、金沢吉展氏の調査結果ではわが国では心理療法のスーパーバイザーが少ないことを明らかにしている。

30 なぜ多くの人が臨床心理士・公認心理師になりたがるのか

従来あった「科学中心主義」は、今世紀に入って物理学では「不確定原理」が、数学では「不確定定理」が唱えられ、科学的研究によって「わからない」真理が多いことが明らかにされた。この状況をふまえてＡＩによる研究や企業活動が、今後、展開されるであろう。

臨床心理士・公認心理師の仕事は、今後、世界がＡＩ時代を迎えてもＡＩでは対処できないであろうと思われるヒトの心に、直接関わっていく重要な仕事として展開していくであろう。

今日、わが国では臨床心理士・公認心理師になりたいという学生や社会人は依然として多い。放送大学の講師をしていてこのことを痛感した。なぜ、この職種に人気があるのであろうか。私の長年の大学での教員経験にもとづけば、この職種に就こうとする学生や社会人は二つのタイプに大別された。一つは、自分やその家族に何らかの心の問題がある、あるいは心の問題があったために既述した「ポリアンナコンプレックス」、つまり自分の心の問題（不幸）を他者を支援することによって代償したいというタイプがある。このタイプは、自分や家族の心の問題をある程度、解決していればこの職種の適性が認められるが、解決しないままでこの職種に就けば、クライエントとともに心の問題の壷の中に双方ともはまりやすい。Y－G（矢田部ギルフォード）性格テスト[1]では、とくにEタイプ（不安定・消極タイプ）の者が多いようである。

もう一つのタイプは、自己愛[2]が基盤にあってこの職種に目を向けるタイプである。ギャバードによれば自己愛の強い者には、人目を気にせずただ誇大なプライドを維持しようとする者と常に他者評価を気にしてプライドを高めようとする者とがあるという。この職種に就きたいというタイプは、後者の他者評価を気にしてプライドを高めたい者が多いようである。このタイプは、自己顕示性が強く、この職種に就いて「自己存在」の証明をしたいという願望が強い。このタイプの問題点としては、「内省力[3]」の欠如、つまり正しい自分についての理解や自分を客観的に見つめようとする能力が乏しい点がある。Y－G性格テストでは、Dタイプ（安定・積極タイプ）やBタイプ（不安定・積極タイプ）の者が多いようである。

いずれのタイプにせよ、自分や家族の心の問題の解決を他者へ支援することによって代償したいという願望や自己の存在を他者に顕示したいという願望があり、これを私は「心理的収入[4]」願望と名づけている。ヒトがもつこの「心理的収入」願望は強く、若い頃から私は、この願望が社会的に公的な「資格」取得として発展していくことを危惧していた。その理由は、ヒトは、一端、この職種の資格取得すると障害者や疾患をもつクライエントと人間関係の基礎である対等な関係が保てなくなり、上下関係を形成し、「〇〇〇」をしてあげるという関係になりやすい点があげられる。この職種の「専門性」[5]が確立していれば上下関係はクライエントへの何らかの支援となるが、私は、若い頃、そして今でもこの職種の「専門性」に疑問を抱いている。というのは、マスコミによって「専門性」が叫ばれてもいまだ心理職の「常勤」が少ないことがあげられる。

また、将来のこの職種の「需要と供給」のバランスについても危惧している。臨床心理士・公認心理師が増えるばかりでその就職先はあるのかという問題である。この職種自体、わが国では、

1　Y‐G性格テスト：わが国で一番多く用いられている性格テスト。質問紙法で百二〇問あり、A、B、C、D、Eの五つのタイプで性格がとらえられる。

2　自己愛：高い自尊心をもち、優越感を得るために他者を軽蔑する、共感性が欠如する者を自己愛が強い特徴という。自己愛パーソナリティ障害とは、この強い自己愛が現実の日常生活で支障をまねいている者をいう。

3　内省力：自分の考えや行動について深くかえりみることをいう。反省は、自分の間違いを第三者に伝えることをいう。内省力を高めるには、計画性、時間、自己との対話が重要である。パーソナリティ障害は、内省力が乏しいために自我の成長がない。

4　心理的収入：経済的収入に対する語。ヒトは、とかく心の状態を他者と比較しやすい。筆者は、ヒトは他者と比較して自分が優位であれば安定を感じるために現在や過去における自分の心の不備な点を無意識的に補う意味から社会公認のヒトの心のケアをしていく仕事に就きたいという欲求があるととらえてこの語を用いた。

5　専門性：特定の領域に関する高度な知識と経験をいう。臨床心理士の専門性養成には、大学院で三〇単位の修得と短期間の実習が条件であるが、教職や看護師職と比較してこれだけで「心の専門家」としての専門性ができるのかという問題がある（拙著「現代のわが国の心理臨床界の課題」活水論文集、第六五集、一一―一二五頁）。

古くから存在するものではなく、欧米から戦後、外来した職種である。このことから、わが国では臨床心理士・公認心理師が何をする仕事なのかいまだ明確ではない[6]。しかし、一般市民は、わが国の心理臨床の現状を知らず、一回六〇〇〇円を払って幻想を抱いて面接に通い、高校生は、心理学は統計中心であることを知らず医師のように患者を診られる仕事あるいは、不登校生徒を登校できる技術をもつ仕事といった幻想をもっている。また、本来、わが国では「金」を払って心のケアをしてもらうという文化はない。私の居住地では、心理面接クリニックを開業して長期間運営を維持できた例はない。それは、一回の面接料金が高いからである。ある県では、一回六〇〇〇円で運営しているという。それだけ相応な腕をもつ心理臨床家がわが国に存在しているとは思えない。むしろわが国には血縁の者、地域の者、会社のリーダーや先輩、宗教などから無料で支えられてきた伝統的「和」の文化をもっている。このようなことから、この職種の「供給」を高めるために今後、多くの問題が残されているようである。

「世界は人間なしに始まった。人間なしに終わるだろう」

――レヴィ＝ストロース

解説：人間は、「構造」（社会システム）に規定される。それゆえ、「構造」は、自然であるべきであり、人間の「欲望」によって人工的につくられる「構造」は問題が生じやすい。

6　成瀬悟策氏は、心理臨床の独自性についてそもそもそのアイデンティティはあいまいであるといい、土居健郎氏は、心理療法家の手本はなく、クライエントから学ぶ仕事といっている。また、アメリカのパッカードは心理職の特殊性として「利他主義」と「生涯発達」という視点からケースをみていくことをあげている。

㉛ 著名な臨床家、心理臨床家と会ってみて——現実を知る勘——

ヒトにとって、将来の展望を切り開くためにものごとを正しくみて新しいものをつくり出していく「智恵」とともに「共感」と関連した現実外界や他者の本当の姿を正しく本能的にとらえられる「勘」[1]というものが大切なのではなかろうか。「勘」とは、「直感」（第六感）ともいい、理屈ぬきにとらえることである。心理学では、他者の考え方など認知的側面を即座にとらえることを「直観」といい、この点については、比較的多くの研究がなされているが、この「直感」についてはまだ多くは研究されていない。この「智恵」や「勘」と関連してフロイドは、幻想や自らの欲望に惑わされない自我の「現実吟味能力」[2]、つまり現実外界や他者を正しくとらえることを重視している。また、現実吟味能力と関連して今日、注目されている「認知行動療法」では、曝露療法というクライエントに、正しい認知を学習させるために症状や問題行動が生じる状況に直面（曝露）させて、誤った認知に気づかせる方法がとられている。

ヒトの他者に対する認知やイメージは、とかく主観的であり、思いこみは強い。これを防ぐために、うわさやメールや手紙などを介してではなく直接、会って「勘」を働かせてみることは、正しく他者をとらえる機会を生む。

理想的な心理臨床家になるために、「百聞は一見にしかず」というように著名な臨床家や心理臨床家に直接、会ってみることが大いに役立つと思われる。

私がお会いした先生方々の印象を羅列していくと、精神分析療法の私の師である前田重治先生は、日頃より身なりをきちんとして、感情を示さずけっしてヒトと争わない「矜持」の人のであった。また、「甘えの構造」で著名な土居健郎先生[3]は、ことばは少なく、研ぎ澄まされた知性が感じられた。学会での立食パーティの席で私にフライドチキンの入ったお皿を渡してくれたことが思い出される。先生は、私に甘えを感じたのであろうか。また、小此木啓吾先生[4]は、外見と中身

1　勘：理屈ぬきで、感じる直感のことをいい、第六感ともいう。ものごとの本質を感じとることをいい、剣道の極意、能や演劇における美の創造、禅の悟りなどにみられる気づきをいう。筆者は、心理療法の極意を「勘」を磨くこととととらえ、また、加齢とともに将来を予感できる「勘」の必要性を感じている。

2　現実吟味能力：日常生活でのさまざまな現実を受けとめて客観的に判断できる能力のこと。フロイドは、その人なりにとらえる心的現実と客観的現実とに分けた。また、ジャネは、認知としての「現実概念」と実行する「現実機能」とに分け、健常者→ノイローゼ（神経症）→精神病の順でこの二つの能力が欠如していると説いた。

3　土居健郎：わが国を代表する精神分析医。アメリカ人と日本人との精神分析療法の比較から、わが国の国民性として「甘え」を取りあげた。「甘えの構造」は主著。

とのバランスがとれた「文質彬彬」な方で礼儀正しい先生というイメージが残った。また、対人的魅力をもった精神科医としては、神田橋條治先生[5]と若い頃、会話をして魅力を感じた。独特のことば使いとジーンズとパイプタバコが特徴的だった。

わが国で最初に心療内科[6]を創設した池見酉次郎先生[7]とは、先生が亡くなる数年前に長崎でお会いした。やや頑固で神経質な方という感じを受けたが、「心理療法の本質はそのクライエントの生き方だよ」と私に教えてくれた。

また、著名な河合隼雄先生[8]は、関西弁丸出しのユーモアのある方でユング流の直観と運命を重視してヒトと関わっていく方という印象をもった。「君が、長尾君か」といった約四十年前の先生の声が、今も私の耳に残っている。また、九州大学時代から縁があった成瀬悟策先生[9]は、ワンマンで日本的なリーダーシップが上手な先生で、功利性を重視する多くの弟子たちが、何もいわずついていく威圧力があり、ことばよりも動作、関係よりも効果を重視する方であった。社会心理学の安藤延男先生[10]は、西洋的なリーダーシップがとれる方で丁寧さ、誠実さ、ソフトなことばづかいが感じられ、品格があった。私が、六〇歳近くになって國分康孝先生とも縁があった。國分先生は、多くの現場の教師たちを取りこむ独特な魅力とパワフルさを感じた。また、わが国で今でもスクールカウンセラーのリーダーとしても活躍されている村山正治先生とは、九州大学時代から交流があるが、明るく、親しみやすさと運の強さがあり、私のような運のない者でも関わってくれた。この他にも著名な心理臨床家や臨床家と会ってお話ができる機会をもったが、人間の「哀しさ」がわかり、遠くから見て荘厳で近づくと温和で親しみやすいという私が理想とするオーラ[11]が感じられる先生にはまだ一度もお会いしていない。

それぞれの先生は、独特な魅力とパワーが感じられたが、それは、まわりの者がつくっていったのではないかという痕跡が感じられた。

4　小此木啓吾：わが国を代表する精神分析医。多くの書籍を執筆し、わが国に広く精神分析を紹介した。「モラトリアム人間」という語を普及させた。

5　神田橋條治：人気のあるわが国の精神科医。九州大学病院で勤務した後、鹿児島の病院で開業している。独特な技法の提案とともに個性も強い。

6　心療内科：主に心身症という疾患を対象にして診療や研究を行う内科。心身医学を基盤とする。

7　池見酉次郎：九州大学にわが国で初めて心療内科を創設した。一九九六年には、日本心療内科学会を創設した。

8　河合隼雄：わが国を代表する心理臨床家。わが国にユング心理学を紹介した。書籍も多く、臨床心理学分野以外でも著名である。

9　成瀬悟策：初期には催眠療法を行い、その後、脳性マヒ児を中心に動作訓練法から動作法を展開させた。

10　安藤延男：コミュニティ心理学で著名。九州各地の大学の学長を果たし、敬虔なクリスチャンでもある。

11　オーラ：生体が発する霊的放射体をいう。哲学者ベルグソンによる、生の飛躍という意味をもつ「エラン・ビタール」という概念に通じるものがある。ベルグソンは、直感をもとに純粋な創造力をもつものとして「エラン・ビタール」をあげた。

木鶏鳴子夜

――「伝燈録」

解説：威嚇したり、相手に惑わされているようでは本物ではない、いかにも強そうにみえているうちはまだまだ、本物ではなく、どんな時も泰然自若として無為自然としているのが本物の強さである。

㉜ 心理臨床学界への提言

長年、私が携わってきた心理臨床学界がさらに発展していくためにここで私なりの提言をしたい。臨床心理学の研究分野と心理臨床の実践分野に分けて述べると、上里一郎氏がいうように臨床心理学研究分野については、わが国の研究水準は、世界的にみて高い水準とはいえないだろう。心理学の歴史は、アメリカでプロ野球が始まった時よりも新しいことや臨床心理学はノーベル賞もとれない未熟な学問であることは、一般市民には意外に知られていない。哲学者ヘーゲルが、ヒトの歴史は、「理想へとヒトが近づく歴史」といっているように、わが国の臨床心理学も「理想」へと変化していきたいものである。臨床心理学の分野の大学教官・教員を「研究内容」、「学生への教育」、「研究業績」、「人格」の四つの基準[1]からみていくとどれも高くはないのではなかろ

1　四つの基準：鷲田小彌太氏は、学者の値打ちの基準として、研究者として、教育者として、人格、業績の四つの基準をあげている。上里一郎氏は、わが国の臨床心理学者の研究水準は低いといい、また、日本臨床心理士会の調査によれば、臨床心理士の中で研究を行っている者は、約三十四%程度であるという。

うか。とくに「研究業績」の少なさについては、以前に小学・中学・高校の教師をしていた者や医師が、この分野を専攻して短期間の学習によって大学教官や教員になった者が多いからではなかろうか。他分野の専攻の者や一般市民が比較的早く大学教員に成れるのはおそらく多くの学問の中で臨床心理学だけではなかろうか。論文の書き方にしても臨床経験よりも「科学的根拠」に固執して外国の先行研究をきちんと調べて記載することは少なく、参考文献を揚げるにしてもお決まりの仲間どうしの論文を揚げていることが多い。しかも私の経験から、論文や書籍を謹呈しても礼儀を知らないのか何の返事もしない教官や教員が多かった。臨床心理学論文の審査員に関しても自らが審査された論文数が二〜三本しかないにもかかわらず、容易に審査員に選ばれている点をみると論文審査能力についての問題があるのではなかろうか。

　現在の一部の論文審査者が、臨床的基本姿勢が乏しいと感じた例として、ある学会誌に私が学生どうしのピアカウンセリング報告を心理療法の「アナログ研究」[2]として論文投稿した際、プロの心理臨床家とアマチュアの学生とではカウンセリング能力に大きな差があるとして「アナログ研究」としては認めず、また、ピアカウンセリングを行うことは危険であるといって不採択となった例がある。この例から、その学会審査者の心理療法家としての実力過信が感じられ、ピアカウンセリングが波及して現在のプロと称する方々の心理療法の実力とに差がないことが知れることの恐れがあるのではないかと感じた。このことを裏づける根拠として、ロジャースのカウンセリングについて誤解している大学教員が多くいて、真のカウンセリングができる心理臨床家は少ないという情報を得たことがあげられる。

また、ある学会誌に男女共同参画社会の実現のために女性の「男性羨望」[3]尺度を作成し、論文として投稿したところ、質問項目が研究参加者にとっては不快をまねくとして不採択となった例がある。尺度を実施した調査機関からは不快をまねくどころか男女共同参画社会にしていくために大いに貢献してくれたという答えであったが、不採択となった点を考えると審査者の心に女性蔑視的視点があるともとらえられた。また、⑯の注2に述べたように自殺を肯定する論文審査員もいて、一部の臨床心理学の教員の中に臨床的姿勢が乏しく、偏見をもった態度がとらえられた。

大学の教官や教員は、自尊心[4]の塊といわれ、研究よりも名誉のために教官や教員となり、飲酒を介した非公式な場で人事を決めたり、ある流派で徒党を組んで[5]権力を得ようとしやすい。権力は、ヒトを魔性[6]にし、大学教官・教員採用の人事権をもとうとする。社会学者のフロム[7]は、ヒト

2　アナログ研究：非臨床群（クライエントではない人々）を対象に実験や調査を行う方法をいう。わが国の心理臨床の教員は、実証・実験心理学専攻出身の者が多いことから、カウンセリングの実習で「ロールプレイ」や「アナログ研究」をトラブルが生じることを恐れて行わない者が多い。私のアナログ研究は、『変化の心理療法』（ナカニシヤ出版）にまとめている。

3　男性羨望：フロイドは、女児がペニスがないことから女性は、男性に対して羨望があると唱えた。これを「ペニス羨望」といった。拙著「職場における性差羨望尺度作成の試み」（活水論文集、第六三集、一―九頁）を参考にしていただきたい。

の権力への依存を戒め、また、フロイドの弟子ランク[8]は、徒党を組まない自立した人間を強調している。

とくに昨今の臨床心理学分野では、名誉や金のために実証・実験心理学から臨床心理学へ、また、臨床現場から大学教員への安易な転換が目立つ。イギリスの詩人チェスタトン[9]は、「下品な人間は、きまって最高の有名人である。何しろ、有名になりたいという願望そのものが下品だから」という。私の若い頃、科学的探究のために、毎日、コツコツと心理学実験を続けていた研究者が多かったが、今日では、地味にこのような努力を続ける研究者は減って、昇進の早い臨床心理学へ転換しやすい。研究者は、名誉や金に心を奪われてはならないと思う。

私のわずか約半世紀にわたる研究業績や臨床経験が、わが国の学力や知的能力の推進（東京大学の学力世界三十五位）や男女共同参画社会の実現（ジェンダーギャップ指数世界百十四位）や人々の幸せ（世界幸福度五十三位）に直接つながるとは思えないが少しでも役に立ってほしいと思う。

プロフェッショナルな仕事は、常に自分の仕事に満足をしてはいけない。また、プロフェッショナルな者は、自分の仕事に自分を賭けれる者である。河合隼雄氏は、心の臨床のプロとは、ヒトの心の予測がつけれる者のことをいうといっている。現代の臨床心理士や公認心理師は、プロと名のつくプロ野球、プロゴルフ、プロレスの選手のように日々、心理臨床の錬磨をしているのであろうか。時代の趨勢を考えれば、私が、若い頃、「心理療法」の腕を上げていく努力をしていた時代とは異なり、今日では他の職種と「連携」していく「心理面接」が重視されるようになったことから少なくともクライエントと「ラポール」形成ができ、クライエントの「心が聞ける」臨床心理士・公認心理師が増えてほしいと願っている。

4　自尊心：自尊感情（セルフエスチーム）ともいう。自分が、周囲の人々にとって有用で価値ある存在であるという主観的感情をいう。日本人は、自尊感情が低いといわれている。自尊心が低いと無気力となり、高すぎると自己愛的になる。乳幼児期の母親による愛情や以後の交友関係、所属するグループによってその形成が左右される。自己効力感とは、自分にある目標を達成する能力があるという認知をいう。（拙論「大学生における自己愛的自己調整からみた怒りと抑うつの発生過程」（活水日文、六四号、二〇―四三）。

5　徒党を組んで：哲学者のロールズは、全体主義に対する民主主義形成において「公平さ」を叫び、ドイツのハーバーマスは、民主的な話し合いの原則として、対等な関係、同じことばを用いる、事実を信じることの三点をあげている。

6　ヒトを魔性に：ドイツの哲学者アーレントは、全体主義に走るヒトの「悪の凡庸さ」（誰でも悪に走りやすいこと）をあげている。

7　フロム：アメリカの精神分析療法家・社会学者。「愛」や「悪」の研究をし、「自由」の問題も論じた。「自由からの逃走」は主著。

8　ランク：オーストリアの精神分析療法家。ノイローゼは、「出産外傷」によると唱え、「分離不安」のもとになるテーマを提唱した。ヒトの本性は、「別れ」であると説き、今日のブリーフ（短期）心理療法のもとになる「意志療法」を確立した。

9　チェスタトン：イギリスの作家・詩人。カトリックの立場から社会を風刺した。

黄梁一炊の夢

——沈既済の「枕中記」

解説：学生が疲れて宿でうたた寝をしていた。その夢は、将軍となりたちまち死んでしまうというものだった。ハッと目が覚めた時、宿の主人が、まだアワを煮ており、それは一瞬の夢であった。人生は、はかない幻であり、富貴や功名という世俗的な価値観がいかにもむなしいものかを説いている。

㉝ 余生を極める――流れのままに――

七十歳を越えるとあとどのくらい生きられるのかについてを考える。私としては、不老有老を忌まわしく思い、あまり長生きはしたくない。若さとは、何事にも投げ出さない心があることをいう。投げ出しや面倒くささが生じた時、ヒトは自分の老いを感じるのであろうか。

私の理想としての老後は、エリクソンらが老年期の発達課題[1]としてあげているように、円熟した生き方をしたい。円熟した生き方とは、流れゆく時とともにゆっくりと静かに過ごす生き方であろう。何事も感情的にならず、全てを受けいれていく生き方であろう。

円熟し、枯れていき、そして死を迎えるには、今よりもさらに地味な生き方となるべくヒトに

1　老年期の発達課題：エリクソンは、「統合性」、つまり今までの人生をまとめあげ、自分の人生は自分自身の責任であるという事実を受けいれることをあげ、ユングは、「全体性」、つまり人生は、私が私であるようにするために、全てのことが生じたという受けいれる心のあり方を説いている。

頼らないで自分のことは自分で行う「自立[2]」と「自律[3]」とが必要であろう。地味な生き方とは、物欲をあきらめて、自分の身の回りを整理し、無駄な物を捨てていき、居、食、住の全てを小さい物や少ない物にしていくことであろう。

老いてヒトにいろいろ頼っていくのも外から見ていてけっして美しく[4]は感じられない。私の父のように妻が亡くなり枯れ落ち葉のようになって妻を追うように死んでいくのも惨めな気がする。老いても孤独に慣れ、なるべく自分のことは自分でしたい。また、孫の「悠生」を可愛がり、そしてこれまでの写真を整理し、小さな自分の家族の墓を用意し、まだ読んでいない本を見つけては読書に明け暮れ、エンディングノートの日記を死ぬまで書いていきたい。そして自分の葬儀は、身内の者だけで終えたい。そう思っている。

私の仕事は天職[5]であった。しかし、私のこれまでの研究業績や書籍は、時とともに風化していくのであろうか。私の歩いた足跡に少しの花が咲くのであろうか。この世の誰かが私の死後、今後の研究や人生のために読んで欲しい気持ちは残る。

最後に高齢になって「幸せだったかどうか」について答えを出すために表1に「幸せ」になれる要因についての実証的研究をまとめ、表2に私の現在の状況を哲学者の考え方をもとにふり返り、高齢になって、ものの考え方はどのように変化したかについてまとめてみた。

百花春至為誰開

——「碧巌録」

解説：花は、ただその生命のおもむくままに無心に咲き、無心に散っていく。花は、ヒトのもつああしたい、こうしたいという「はからい」もなく、ありのままに咲いて散っている。ただ無心に生きることが大切である。

2　自立：「甘え」や「転移」の対語。他者から助けを受けないで生きていくこと。わが国では欧米に比べて「自立」についてはを重視しにくい。荒川和久氏は、わが国の今後は、独身の高齢者が増える「ソロ社会」になるといっている（荒川和久（二〇一七）『超ソロ社会』ＰＨＰ新書）。

3　自律：自分の衣・食・住を自分で管理・調整すること。身体が老化したり病になると食事・排尿・排便・着衣・動作が不自由になりやすい。

4　美：シュプランガーは、理論・宗教・政治・経済・美・社会の六つの価値タイプをあげたが、美は社会的、必然的、客観的な特性があり、加齢によって身体的美は崩壊しやすい。

5　天職：そのヒトの天性に合った職業。天からさずかった職業。

表1　高齢者になって「幸せ」を規定する要因

内容	要因	研究結果	研究者
人生満足度	加齢	加齢とともに上がる	フィールド（1997）
		加齢とともに下がる	リフ（1991）
人生満足度	在宅か施設か	違いはない	長尾（2007）
well-being	性差	男性の方が女性よりもwell-being がある	ピンクフォードら（2000）
well-being	パーソナリティ特性	60 歳代は、楽観主義と人生満足度に正の相関がある 70 歳代は、楽観主義と人生満足度に負の相関がある	レニングス（2000）
		外向的であれば well-being がある	コスタら（1980）
		自己効力感があるほど well-being がある	ブライアントら（1981）
7 年後の死亡率	孤独感	孤独感がないほど死亡率の低下と well-being がある	チャペルら（1989）
	ネットワークの有無	地域ネットワークがあると死亡率が低い	リトウィンら（2006）
well-being	既婚か独身か	既婚者の方が well-being がある	オルダスら（1999） アーガイルら（1991）
幸福感	経済力	経済的に豊かである方が幸福感がある	バックら（1985）
健康	文化	アメリカの黒人女性は、インディアンの女性より活動性がないために心臓疾患が多い	ヘンダーソンら（2000）
女性役割	生き方と経験	面接から 4 つの生き方がわかる	アレックスら（2006）
		女性役割；経験＞年齢	リノットら（2000）

表２　高齢者になってのものの考え方の変化

ものの考え方	代表的哲学者	自分の変化
0（原点）に戻って考える	ソクラテス	残りの時間がないために元に戻っては考えなくなった
分類して考える	アリストテレス	記憶力の衰えを感じて分類して考えるようになった
経験か、観念か	経験論；ベーコン、ロック、ヒューム 観念論；カント、キルケゴール	自分の臨床経験を重視して経験論で考えるようになった
絶対を軸にするか相対を軸にするか	絶対軸；ニュートン 相対軸；プロタゴラス	人の生き方や考え方は、さまざまであることを痛感して相対軸で考えるようになった
演繹法か帰納法か	演繹法；デカルト 帰納法；ベーコン	人生をまとめなければならないために帰納法で考えている
AかBか、一長一短を考えて答えを出す（弁証法）	ヘーゲル	残された時間がないために慎重に一長一短を考えて答えている
構造（枠にはめて考える）か脱構造（枠にはめないでみていく）か	構造論；レヴィ＝ストロース 脱構造論；デリダ、フッサール	自分の思考傾向や経験から、文化差や地域差を感じてどうしても構造としてとらえる
実用を重視するか意識の心の流れを重視するか	実用主義；デューイ 直観と心の流れをみていく；ベルグソン	臨床家という職業もあって、要領が悪くてもベルグソンの考え方を好む

参考文献

I　Longfellow, H. W.（1850）*A psalm of life.*（手島郁郎（一九八三）人生の詩篇：手島郁郎英詩講和　キリスト聖書塾所収）

❶神谷幹夫訳（一九九八）アランら　幸福論　岩波書店

懸田克躬訳（二〇一四）フロイド　フロイド選集5　性欲論　日本教文社

菊池理夫訳（一九九二）サンデル　自由主義と正義の限界　三嶺書房

神崎繁訳（二〇一四）アリストテレス全集 第一五巻　岩波書店

Weinfeld, N. S. et al.（1997）Early attachment as a pathway to adolescent peer competence. *Journal of Research on Adolescence, 7*, 241-265.

福永光司・興膳宏訳（二〇一三）荘子雑編「盗路」篇　筑摩書房

❷河合隼雄（二〇一〇）ユング心理学入門　培風館

田島節夫訳（一九九九）ベルクソン　物質と記憶　白水社

高橋哲訳（一九七四）ジャネ　神経症　医学書院

国重浩一・バーナード紫訳（二〇〇八）ジェラルド・モンク、ジョン・ウィンズレイド、キャシー・クロケット、デイヴィッド・エプストン編　ナラティヴ・アプローチの理論から実践まで　北大路書房

中村雄二郎（一九九二）臨床の知とは何か　岩波書店

宮崎裕助（二〇二〇）ジャック・デリダ　岩波書店
小田亮（二〇〇〇）レヴィ＝ストロース入門　筑摩書房
合山究ら（一九七七）幽夢影　中国古典新書　明徳出版社
❸新海安彦訳（一九五八）クレッチマー　精神療法　岩崎書店
三木清（一九三八）アリストテレス　岩波書店
松代洋一・渡辺学訳（一九九五）ユング　自我と無意識　第三文明社
于良史訳（一九六〇）春山夜月　全唐詩　中華書房
小此木啓吾監訳（一九七三）自我同一性　誠信書房
❹Boyd. W. (1988) *The new confession.* Penguin.
懸田克躬訳（二〇一四）フロイト　フロイド選集５　性欲論　日本教文社
波多野完治・滝沢武久訳（一九九八）知能の心理学　みすず書房
Carey, S. (1988) Conceptual differences between children and adults. *Mind and Language*, 3, 167-181.
❺長尾博編（二〇一七）多様化する「キャリア」をめぐる心理臨床からのアプローチ　ミネルヴァ書房
豊士栄訳（二〇〇〇）ヘンリー・フォード　ヘンリー・フォードの軌跡　創英社
柴山全慶編（一九五四）禅林句集　其中堂
小此木啓吾監訳（一九七三）自我同一性　誠信書房
❻山鳥重（二〇〇二）「わかる」とはどういうことか　筑摩書房
三木清（二〇〇三）読書と人生　新潮社
斉藤忍随訳（一九六〇）ショウペンハウエル　読書について　岩波書店
平山高次訳（一九四八）コント　実証精神叙説　創元社
田島節夫訳（一九九九）ベルクソン　物質と記憶　白水社

小林秀雄（二〇〇一）小林秀雄全集 第2巻　新潮社
Ⅱ　Longfellow, H. W. (1850) *A psalm of life.*（手島郁郎（一九八三）人生の詩篇：手島郁郎英詩講和　キリスト聖書塾 所収）
❼Keats, J. (1987) *Letters of John Keats.* Oxford University Press.
Henry, H. W. et al. (1971) *The fifth profession.* Jossey-Bass.
神谷美恵子訳（二〇〇七）マルクス・アウレーリウス　自省録　岩波書店
森田正馬（一九七四）森田正馬全集 第一巻　白揚社
石井恭二訳（一九九六）道元正法眼蔵　河合書房新社
小林佐知子ら臨床心理士養成大学院附属心理相談室における養成教育の現状と課題　心理臨床学研究　三一巻　一五二―一五七
友田不二男（一九五二）ガイダンスのための面接法の技術　金子書房
❽山本政喜訳（一九五八）バトラー　肉なるものの道　新潮社
Festinger, L. (1954) *A theory of cognitive dissonance.* Stanford University Press.
吉田健一郎訳（一九九〇）ウォー　ブライヅヘッドふたたび　筑摩書房
神崎繁訳（二〇一四）アリストテレス全集 第一五巻　岩波書店
菊池理夫訳（一九九二）サンデル　自由主義と正義の限界　三嶺書房
石井恭二訳（一九九六）道元正法眼蔵　河合書房新社
矢島欽次訳（一九七九）ロールズ　正義論　紀伊国屋書店
川名雄一郎・山本圭一郎訳（二〇一〇）J・Sミル功利主義論集　京都大学出版会
❾懸田克躬・小此木啓吾訳（一九七〇）フロイト著作集7　人文書院
河合俊雄（一九九八）ユング　魂の実現性　講談社

警察庁（二〇一七）平成二十八年の犯罪情勢
Litwak, E. (1960) Occupational mobility and extended family cohesion. *American Sociological Review*, 25, 9-21.
中村保男訳（二〇〇二）レイン　レインわが半生　岩波書店
野田又夫編（一九六七）世界の名著22　デカルト　中央公論社
岬龍一郎（二〇〇八）論語：現代語抄訳　PHP研究所
⑩前田陽一・由木康訳（二〇一八）パスカル　パンセ　中央公論新社
栗原吉城訳（一九一八）ラスキン　時と潮　玄黄社
池田香代子訳（二〇〇二）フランクル　夜と霧　みすず書房
三島憲一（一九八七）ニーチェ　岩波書店
山田晶訳（二〇一四）トマス・アキナス　神学大全1　中央公論新社
服部栄次郎ら訳（一九九七）アウグスチヌス　到草社
金谷　治（一九九二）淮南子の思想　講談社
⑪岬龍一郎（二〇〇八）論語：現代語抄訳　PHP研究所
石井正雄訳注（一九五四）エマソン　エマソン論文集　開文社
坂部恵・伊古田理訳（二〇〇〇）カント　カント全集七巻　岩波書店
植木豊訳（二〇一四）パース・デューイ・ジェイムズ　プラグマティズム古典集成　作品社
仲正昌樹（二〇一七）教養としてのゲーテ入門：「ウェルテの悩み」から「ファウスト」まで　新潮社
中村文峰（一九九〇）現代語訳臨済録　大蔵出版
Ⅲ　富士川義之編（二〇〇五）ブラウニング詩集　岩波書店
⑫Gabbard, G. O. (1989) Two subtypes of narcissistic personality disorder. *Bulletin of Menninger Clinic*, 53, 527-532.

Kagan, J.（1981）*The second year.* Harvard University Press.
野田又夫編（一九八六）世界の名著22　デカルト　中央公論社
田島節夫訳（一九九九）ベルクソン　物質と記憶　白水社
熊野純彦訳（二〇一八）ヘーゲル　精神現象学　筑摩書房
窪田慈雲（二〇一三）心に甦る「趙州録」　春秋社
山田慶兒・谷泰訳（二〇一七）星界の報告　岩波文庫
⑬小此木啓吾訳（一九八三）フロイト　フロイト著作集6　人文書院
畠瀬稔・畠瀬直子訳（一九七三）ロジャース　エンカウンター・グループ：人間信頼の原点を求めて　ダイヤモンド社
末木文美士編（二〇一八）碧巌録上・下　岩波書店
⑭池田香代子訳（二〇〇二）フランクル　夜と霧　みすず書房
三木善彦（一九七六）内観療法入門　創元社
北西憲二（二〇一六）はじめての森田療法　講談社
小林英夫訳（一九七二）ソシュール　一般言語学講義　岩波書店
奥雅博訳（一九七五）ヴィットゲンシュタイン　ヴィットゲンシュタイン全集第一巻　大修館書店
正覚ら（一九八六）宏智録下　名著普及会
長尾博（二〇二三）日常語を基礎とした大学生の対人的疎外感の性差に関する研究　新長崎学研究センター紀要　三号
一―二〇頁
小此木啓吾（一九九二）自己愛的人間　ちくま学芸文庫
⑮佐々木毅訳（二〇〇四）マキャヴェッリ　君主論　講談社
井伊玄太郎訳（一九八七）トクヴィル　アメリカの民主政治　講談社
下村湖人（一九五四）現代訳論語　池田書店

⑯佐藤朔・高畠正明編（一九七二）カミュ　カミュ全集 第二巻　異邦人・シーシュポスの神話　新潮社
蜂屋邦夫訳（二〇〇八）老子　岩波書店
⑰木村敏（一九九四）心の病理を考える　岩波書店
合田正人訳（一九九九）レヴィナス　存在の彼方へ　講談社
長尾博（二〇二二）ケースで学ぶ不登校　金子書房
⑱田島節夫訳（一九九九）ベルクソン　物質と記憶　白水社
⑲高橋義孝訳（一九七三）フロイト著作集２　人文書院
司馬遼太郎（一九九八）人間というもの　ＰＨＰ研究所
末木文美士編（二〇一八）碧巌録上・下　岩波書店
⑳島内裕子訳（二〇一〇）吉田兼好　徒然草　筑摩書房
永嶋大典監訳（一九九九）サミュエル・ジョンソン　サミュエル・ジョンソン百科事典　ゆまに書房
高崎直道（一九九三）涅槃経　東京美術
㉑伊藤友信訳（一九八二）貝原益軒　養生訓　講談社
日本経済団体連合会（二〇一八）今後のわが国の大学改革のあり方に関する提言
土岐邦夫・小西嘉四郎訳（二〇一〇）ヒューム　人性論　中央公論新社
心理学研究（二〇二二）新型コロナウイルス感染症と心体学　九二巻　五号

IV

Sparrow, J. (1934) *Sense and poetry*. London: Constable.
㉒新海安彦ら訳（一九八二）ビンスワンガー　精神分裂病Ⅰ・Ⅱ　みすず書房
木村敏ら訳（一九七八）ブランデンブルグ　自明性の喪失：分裂病の現象学　みすず書房
中井久夫ら訳（一九八六）サリバン　精神医学的面接　みすず書房

長尾博（二〇〇五）図表で学ぶアルコール依存症　星和書店
樽味伸（二〇〇五）現代社会が生むディスチミア親和型　臨床精神医学、三四巻、六八七―六九四頁
西尾幹二訳（二〇一四）ニーチェ　悲劇の誕生　中央公論社
宮崎裕助（二〇二〇）ジャック・デリダ：死後の生を与える　岩波書店
野村昭訳（一九九二）ヤホダ　心理学と人類学：心理学の立場から　北大路書房
㉓山口志義夫（二〇一〇）うい山ぶみ　皇朝学入門　多摩通信社
伊藤和行訳（二〇一七）ガリレオ　星界の報告　講談社
細谷貞雄訳（一九九四）ハイデッガー　存在と時間　筑摩書房
藤沢令夫（一九九四）プラトン　メノン　岩波書店
斎藤孝（二〇一〇）現代語訳論語　ちくま新書
㉔懸田克躬訳（二〇一四）フロイド選集５　性欲論　日本教文社
中島賢二訳（二〇〇四）サッカレー全四巻　岩波書店
㉕岬龍一郎（二〇〇八）論語：現代語抄訳　ＰＨＰ研究所
松浪信三郎訳（一九九九）サルトル　存在と無：現象学的存在論の試み　上下　人文書院
金谷治（一九九二）淮南子の思想　講談社
㉖Guyatt, G. (1991) Evidence-based medicine. *ACPJ Club, 114*, A-16.
小森康永訳（一九九九）シェイザー　ブリーフ・セラピーを読む　金剛出版
前田重治（一九八四）心理療法の進め方　創元社
長尾博（二〇一六）変化の心理療法：ケース研究とリサーチの歩み　ナカニシヤ出版
長尾博（二〇〇五）青年期の自我発達上の危機状態に関する研究　ナカニシヤ出版
長尾博（二〇二〇）男性羨望尺度作成の試み　活水論文集、第六三集、一―八頁

長尾博（二〇二〇）青年期の自我強度と共感性との関連にもとづく心理療法導入に関する交流手段　活水日文、六一号、一―七頁
長尾博（二〇一九）共感性と日本語の思いやりの意味の相違点とその測定　活水論文集、第六二集、一―十五頁
長尾博（二〇一八）青年期における自我強度、自尊感情、自己効力感の関係　活水論文集、第六一集、三七―五〇頁
細谷恒夫・木田元訳（一九七四）フッサール　ヨーロッパ諸学の危機と超越論的現象学　中央公論社
中井久夫ら訳（一九九五）サリバン　分裂病は人間的過程である　みすず書房
奥雅博訳（一九七五）ヴィトゲンシュタイン　ヴィトゲンシュタイン全集第一巻　大修館書店
高橋義孝訳（二〇一七）ユング　無意識の心理　人文書院
大原健士郎・清水信訳（一九六九）アイゼンク　心理療法の効果　誠信書房
Watoson, J. B. (1919) *Psychology from the stand point of behaviorist.* Philadelphia: Lippincott.
㉗文部科学省（二〇一四）平成二六年度　児童生徒指導上の諸問題に関する調査
傳田健三（二〇〇八）児童・青年期の気分障害の診断学　MINI-KIDを用いた疫学調査から　児童青年精神医学とその近接領域、四九巻、二八六―二九二頁
長尾博（二〇二一）青年期自我の時代的変遷に関する臨床心理学的研究　活水論文集、第六四集、一―一五頁
長尾博（二〇二三）大学生における自己愛的自己調整からみた怒りと抑うつの発生過程　活水日文、六四号、二〇―四三頁
高坂康雄（二〇一六）大学生活の重点からみた現代青年のモラトリアムの様相　発達心理学研究、二七巻、二二一―二三一頁
梶谷宗忍訳注（一九七三）観中中諦　進学斎　観中録・青嶂集　相国寺
㉘長尾博（二〇一〇）三訂　学校カウンセリング：新しい学校教育へむけて　ナカニシヤ出版
長尾博（二〇一七）多様化するキャリアをめぐる臨床心理からのアプローチ：青年期から老年期までのケースに学ぶ　ミネルヴァ書房

長尾博（二〇二二）ケースで学ぶ不登校　金子書房
長尾博（二〇〇八）やさしく学ぶカウンセリング　26のレッスン　金子書房
滝浦静雄・木田元訳（一九六四）メルロ＝ポンティ　行動の構造　みすず書房
河合隼雄（一九九八）日本の教育改革と臨床心理士　大塚義孝・滝川俊子編臨床心理士のスクールカウンセリングⅠ
　誠信書房
㉙野島一彦編（二〇一六）公認心理師への期待　こころの科学増刊号　日本評論社
長尾博（一九九二）病院心理臨床入門　ナカニシヤ出版
金沢吉展（二〇一五）臨床心理士養成のための大学院付属実習施設におけるスーパービジョンに関する調査　心理臨床
　学研究．三三巻．五二五―五三〇．
本田喜代治・平岡昇訳（一九七二）ルソー　人間不平等起源論　岩波書店
鑪幹八郎（二〇〇四）心理臨床と倫理　鑪幹八郎著作集Ⅲ　ナカニシヤ出版
成瀬悟策（二〇〇三）心理臨床の独自性　氏原寛・田嶌誠一編　臨床心理行為　創元社
土居健郎（一九九一）専門性と人間性　心理臨床学研究、九巻、五一―六一．
㉚Gabbard, G. O. (1989) Two subtypes of narcissistic personality disorder. *Bulletin of Menninger Clinic*, 53, 527-532.
Packard, T. (2009) Care values that distinguish counseling psychology. *The Counseling Psychology*, 37, 166-177.
小田亮（二〇〇〇）レヴィ＝ストロース入門　筑摩書房
㉛土居健郎（一九七一）甘えの構造　弘文社
神田橋條治（一九八四）精神科診断面接のコツ　岩崎学術出版社
池見西次郎（一九六五）心療内科　中央公論社
成瀬悟策（一九七三）心理リハビリテーション：脳性マヒ児の動作と訓練　誠信書房
村山正治（一九九八）新しいスクールカウンセラー　ナカニシヤ出版

前田重治（一九七六）心理面接の技術：精神分析的心理療法入門　慶応通信
安藤延男（二〇〇九）コミュニティ心理学への招待　新曜社
國分康孝（一九八一）カウンセリングの理論　誠信書房
田島節夫訳（一九九九）ベルクソン　物質と記憶　白水社
入矢義高監修（一九九三）景徳伝燈録全四巻　禅文化研究所
㉜日高六郎訳（一九五一）フロム　自由からの逃走　創元社
Rank, O. (1945) *Will therapy and truth and reality*. Knopf.
Chesterton, G. K. (1969) *All things considered*. Darwen Finlayson.
河合隼雄（二〇〇〇）人の心はどこまでわかるか　講談社
鷲田小彌太（二〇〇四）学者の値打ち　筑摩書房
熊野純彦訳（二〇一八）ヘーゲル　精神現象学　筑摩書房
矢島欽次監訳（一九七九）ロールズ　正義論　紀伊國屋書店
大久保和郎訳（二〇一七）アーレント　エルサレムのアイヒマン　みすず書房
細谷貞雄・山田正行訳（一九九四）ハーバーマス　公共性の構造転換　市民社会の一カテゴリーについての研究　未来社
タイムズ・ハイヤーエデュケーション（二〇二二）世界大学ランキング
内閣府男女共同参画局（二〇一七）平成二九年度　世界経済フォーラム「ジェンダーギャップ指数」
国際連合（二〇一九）第六回　世界幸福度報告書
前野直彬訳（一九六八）枕の中の世界の話　中国古典文学大集24　六朝・唐・宋小説選　平凡社
上里一郎（一九九二）心理臨床における研究を考える　心理臨床学研究、十巻、一―三.
日本臨床心理士会（二〇一六）第七回臨床心理士の動向調査報告書
㉝村瀬孝雄・近藤邦夫訳（一九八九）エリクソン　ライフサイクル、その完結　みすず書房

伊勢田耀子訳（一九七三）シュプランガー　文化と性格の諸類型　明治図書出版
末木文美士編（二〇一八）碧巌録上・下　岩波書店
荒川和久（二〇一七）超ソロ社会　ＰＨＰ新書
Aldous, J. & Ganey, R. F. (1999) Family life and the pursuit of happiness. *Journal of Family Issues, 20,* 155-18.
Alex, L. et al. (2006) Constructions of various femininities among the oldest women. *Health Care for Women International, 27,* 853-872.
Argyle, M., & Martin, M. (1991) The psychological causes of happiness. In F. Strack, M. Argyle, & N. Schwartz. (Eds.), *Subjective well-being.* Pergamon Press.
Back, K. W., & Avertt, C. P. (1985) Stability and change in the life graph types. In E. Palmore et al. (Eds.), *Normal aging III.* Durham Duke University Press.
Bryant, F. B., & Veroff, J. (1981) *Dimensions of psychological well- being in American men and women.* University of Michigan.
Chappell, N. L., & Badger, M. (1989) Social isolation and well-being. *Journal of Gerontology, 44,* 169-176.
Costa, P. T., & McCrae, R. R. (1980) Influence of extraversion and neuroticism on subjective well-being. *Journal of Personality and Social Psychology, 38,* 668-678.
Field, D. (1997) Look back, what period of your life brought you the most satisfaction. *International Journal of Aging and Human Development, 45,* 169-194.
Henderson, K. A., & Ainworth, B. E. (2000) Social cultural perspectives on physical activity in the lives of African American and American Indian Women. *Women & Health, 31,* 1-20.
Lennings, C. J. (2000) Optimism, satisfaction and time perspective in the elderly. *International Journal of Aging and Human Development, 51,* 167-181.

Litwin, H., & Schiovitz-Ezra, S. (2006) Network type and mortality risk in later life. *The Gerontologist, 46,* 735-743.

Lynott, P. P., & McCandless, N. J. (2000) The impact of age vs. life experience on the gender role attitudes of women in different cohorts. *Journal of Women & Aging, 12,* 5-21.

長尾博（二〇〇八）高齢者の生活の質（ＱＯＬ）　小林芳郎編　高齢者のための心理学　保育出版

Pinquart, M., & Soerensen, S. (2000) Influence of socioeconomic status, social network, and competence on subjective well-being in later life. *Psychology & Aging, 15,* 187-224.

Ryff, D. (1991) Possible selves in adulthood and old-age. *Psychology & Aging, 6,* 286-295.

山本光雄編（二〇〇〇〜二〇〇五）アリストテレス全集　岩波書店

坂部恵ら編（一九六八〜一九七三）カント全集　岩波書店

枡田啓三郎訳（一九六二）キルケゴール　キルケゴール全集　筑摩書房

田中美和太郎（一九五八）ソクラテス　岩波書店

植木豊訳（二〇一四）デューイ　プラグマチズム古典集成　作品社

野田又夫編（一九七七）世界の名著　デカルト　中央公論社

宮崎裕助（二〇二〇）ジャック・デリダ　岩波書店

長谷川宏訳（一九九七）フッサール　現象学の理念　作品社

藤沢令夫訳（一九八八）プラトン　プロタゴラス　ソフィストたち　岩波書店

熊野純彦訳（二〇一八）ヘーゲル　精神現象学　筑摩書房

渡辺義雄訳（一九八三）ベーコン　ベーコン随想集　岩波書店

熊野純彦訳（二〇一五）ベルグソン　物質と記憶　岩波書店

小田亮（二〇〇〇）レヴィ＝ストロース入門　筑摩書房

大槻春彦訳（一九六八）ロック　人間知性論　岩波書店

あとがき

本書を書き終え、人生をまとめていくことの難しさを痛感した。私の人生とはこんなものか、大したことをしていないとも感じ、しかし、よくがんばってきたとも感じた。そもそも人生をまとめること自体に無理があるのかもしれない。ジョン・レノンは、「人生は、人生以外のことを夢中に考える時にある」といっている。内容については、現在の心理臨床界への批判めいた内容になり、若い読者は、「時代遅れ」を感じて不快感をまねくことを懸念するが、私としては、今後のわが国の心理臨床界のためにこのような現実の直視が必要であると思って述べた。私が指摘してきた心理臨床界の問題は、いつまでも眠ったままであろうが、私がこの世にいなくなったいつかは目を覚ますであろう。

ここであえて私の人生をまとめてみると、私の人生は、青年期後期まではそれまでの生いたちや環境の影響から学歴至上主義の価値観と「エディプスコンプレックス」を動因として生きていたが、心ある妻との出会いや就職した大学の影響を受けて、他者への「思いやり」をもった正直で素直な心をもつ「仁」に価値観が転換でき、この「仁」の形成のために親から譲りうけた忍耐力や根気強さによって天職としての心理療法の研究や実践に励むことができた。その結果、人生の後半、ものごとを正しくみて新しいものをつくり出す「智恵」と他者の心や将来の自分のあり方をみる「勘」の大切さを知ったというものである。ありがたいことに二〇一六年三月の最終授業の日、今まで私と関わってきた臨床家、大学の教員、院長、学長、高校の校長、いのちの電話や「ＤＶ防止ながさき」のボランティアの方々の約百名が私の最終授業にかけつけてくれた。私は、その時、人々への感謝と同時に今までの自分の人生に自信が生じた。フロイドは、人生の意義を「働くこと、愛すること、そして遊ぶこと」といったが、この点を参考にすると私の人生は、充実していたのではなかろうか。

　私が死んでしまった後、私の霊は、何万年もの時を経ていくのだろうか。私は、地球の日本の九州の狭い地域で生活をし、「令和」という新元号を迎えた二十一世紀の初期まで仕事をしてきたが、死んで骨となり、その骨も私の業績もやがては風化し、この世に生きている人たちから私の存在は、忘れさられていくのだろう。このようなことを考えると、また、「もののあはれ」を感じるが、少なくとも私は、この現世では、一刻一刻を自分のためと人のためにただただ真剣に生きていること、生きてきたことは間違いない。人生の深い意味については、もう少し後になってからわかっていくのだろうか。

　私は、人生の初期に両親への不満や不信を抱いていたが、今では私の天職のもとを生んでくれた両親には、感謝をしている。

また、これまでの私をつくり、支えていただいた諸先生方々、クライエントの皆さん、また、私が勤めてきた大学の皆さん、そして私の妻と娘には筆舌に尽くし難い感謝の気持ちで一杯である。

本書が、読者の皆様に心とは何か、人間関係とは、また、人生とは何かについて考えるに当たり少しでもお役に立てたら幸いである。

本書の刊行につき私が三十歳代の頃、ナカニシヤ出版様より『学校カウンセリング』を刊行していただき、それ以来、拙書を七冊も刊行していただいたナカニシヤ出版の皆様には大変お世話になりました。心より感謝申し上げます。

著者書籍一覧

(1) 青年心理学に関して

長尾博　ケース青年心理学（一九九一）　有斐閣

長尾博・光富隆　パースペクティブ青年心理学（二〇一二）　金子書房

長尾博　青年期の自我発達上の危機状態に関する研究（二〇〇五）　ナカニシヤ出版

(2) カウンセリングと心理療法に関して

長尾博　三訂　学校カウンセリング（一九九一）　ナカニシヤ出版

長尾博　心理・精神療法ワークブック（二〇一〇）　誠信書房

長尾博　やさしく学ぶカウンセリング（二〇〇八）　金子書房

長尾博　ヴィジュアル精神分析ガイダンス（二〇一三）　創元社

長尾博　やさしく学ぶ認知行動療法（二〇一四）　ナカニシヤ出版

長尾博　変化の心理療法（二〇一六）　ナカニシヤ出版

長尾博　ケースで学ぶ不登校（二〇二二）　金子書房

(3) 医療現場のために

長尾博　改訂　病院心理臨床入門（一九九二）　ナカニシヤ出版

長尾博　図表で学ぶ精神保健（二〇〇八）　培風館

長尾博　図表で学ぶアルコール依存症（二〇〇五）　星和書店

(4) 心理テストに関して

長尾博　図表で学ぶ心理テスト（二〇一二）　ナカニシヤ出版

(5) 女性心理に関して

長尾博　女ごころの発達臨床心理学（二〇一六）　福村出版

(6) キャリア心理臨床に関して

長尾博編　多様化するキャリアをめぐる心理臨床からのアプローチ（二〇一七）　ミネルヴァ書房

(7) 臨床心理学に関して

長尾博　臨床　心ほぐし1（二〇〇三）　ブレーン出版

長尾博　臨床　心ほぐし2（二〇〇三）　ブレーン出版

長尾博　現代臨床心理学講座（二〇〇一）　ナカニシヤ出版

(8) 二〇一八年（平成三〇年）から今日（二〇二三年・令和五年）までの研究論文一覧

二〇一八年　青年期における自我強度、自尊感情、自己効力感の関係．活水論文集、六一、三七―五〇．

二〇一九年　共感性と日本語の思いやりの意味の相違点とその測定．活水論文集、六二、一―一五．

二〇二〇年　職場における性差羨望尺度作成の試み、活水論文集．六三、一三―二一．

二〇二〇年　青年期の自我強度と共感性との関連にもとづく心理療法導入に関する交流手段．活水日文、六一、二三―三九．

二〇二一年　青年期自我の時代的変遷に関する臨床心理学的考察．活水論文集、六四、二三―三九．

二〇二一年　心理臨床に役立つ哲学的知識の必要性．活水日文、六二、一〇五―一三〇．

二〇二二年　自我強度に関するこれまでの研究とその展望．活水日文、六三、一四―四四．

二〇二二年　現代のわが国の心理臨床界の課題．活水論文集、六五、一一―二五．

二〇二三年　大学生における自己愛的自己調整からみた怒りと抑うつの発生過程．活水日文、六四、二〇―四三．
二〇二三年　日常語を基盤とした大学生の対人的疎外感に関する研究．新長崎学研究センター紀要、三、一―二〇．
二〇二三年　大学生の自我状態の類似性からみた同性どうしのピアカウンセリングの変化．心理臨床学研究、四一、印刷中
二〇二三年　治療者の生き方を取りいれていった男子統合失調者青年との長期電話面接過程、研究雑誌投稿中
二〇二四年　高校生女子における自傷行為傾向に影響を及ぼす要因とその対応、活水日文、六五、投稿中

著者紹介

長尾　博（ながお　ひろし）

1951 年　北九州市で出生
1976 年　九州大学教育学部卒業
1978 年　九州大学大学院教育学研究科修士課程修了
1981 年　九州大学大学院教育学研究科博士課程単位満了中退
1984 年　九州大学教育学部助手
1988 年　活水女子短期大学講師と助教授を経て
　　　　　活水女子大学文学部人間関係学科教授
2022 年まで、活水女子大学国際文化学部日本文化学科特別専任教授
活水女子大学名誉教授
専攻　臨床心理学、青年心理学、精神医学
学位　医学博士

心のメモランダム
――人生における 33 の発見――

2023 年 11 月 1 日　初版第 1 刷発行　（定価はカヴァーに表示してあります）

著　者　長尾　博
発行者　中西　良
発行所　株式会社ナカニシヤ出版
〒 606-8161　京都市左京区一乗寺木ノ本町 15 番地
Telephone　075-723-0111
Facsimile　075-723-0095
Website　http://www.nakanishiya.co.jp/
E-mail　iihon-ippai@nakanishiya.co.jp
郵便振替　01030-0-13128

装幀＝白沢　正／印刷・製本＝ファインワークス

ISBN978-4-7795-1514-9